Innerschweiz fürs Handgepäck
Rund um den Vierwaldstättersee

Innerschweiz
fürs Handgepäck
Rund um den Vierwaldstättersee

Herausgegeben von Franziska Schläpfer

Unionsverlag
Zürich

Die Herausgabe dieses Bandes
wurde unterstützt durch einen
Beitrag des Kantons Uri.

Im Internet
Aktuelle Informationen,
Dokumente, Materialien
www.unionsverlag.com

Unionsverlag Taschenbuch 513

Rieterstrasse 18, CH-8027 Zürich
Telefon 0041-44-283 20 00, Fax 0041-44-283 20 01
mail@unionsverlag.ch

Reihengestaltung: Heinz Unternährer
Umschlaggestaltung: Peter Löffelholz
Umschlagfoto: Stanislav Perov
Druck und Bindung: CPI – Clausen & Bosse, Leck
ISBN 978-3-293-20513-0

Inhalt

Föhnfische am Himmel

Urs Oberlin

Der Himmel offen bis weit hinter die Berge, vollkommen rein und von jenem Blau, dessen Tiefe schon Südlicht hat. Der See kaum bewegt und das Ufer in mehreren Schichten spiegelnd – durch flimmernde Lichtnetze getrennt, scheinen sie sich schwebend unters Wasser zu senken. Jede Farbe wahrt ihre Leuchtkraft, wird durchsichtig über den andern, ohne sich mit ihnen zu vermischen. Es ist die Landschaft Turners, wie er sie sah und darstellte, am hintergründigsten vielleicht in dem Aquarell *The Lac of Lucerne at Brunnen.* Wer Glück hat, wird das Fantastische dieses Bildes in der Natur selbst bestätigt finden. Ein Morgen im Frühsommer muss es sein oder ein warmer Septembertag, der Föhn verspricht. Selten und kurz sind diese Augenblicke, und nur der Griff eines großen Künstlers meistert ihre Schönheit, ohne das Süßliche zu streifen. Über den Dingen steht jene Verklärung, die vorgibt, eine geistige zu sein, und keine Schatten duldet. Doch zu unmittelbar wechselt sie das Gesicht. Föhnfische schwimmen am Himmel, am Südende des Sees klafft starre Schwärze. Saugend breitet sie sich über die Spiegelung, und plötzlich stehen die Ufer im Aufruhr. Aus der Wand des Uri-Rotstocks springt eine Staublawine. Auch die Schwyzer Berge setzen Staubfahnen auf, die alle nordwärts wehen, dem siebenhörnigen Pilatus zu und der Seemündung.

Dort wartet die Stadt mit spitz gereckten Türmen.

Immer ist sie bereit, den Ankömmling mit Regen zu empfangen oder einem kleinen Gewitter wenigstens. Der offene Windsack ihrer Hügel fängt gierig den Föhn, wirft ihn hin und her. Er knattert über die Brücken, rührt in den Brunnen und zaust die Fontäne vor dem Kunsthaus, bis sie sich wie eine gewaltige Wasserblume über den Quai neigt und zerblättert. Bars und Confiserien ziehen ihre Sonnendächer ein. Der Verkehr stockt, um lauter und hektisch beschwingt wieder einzusetzen. Mehr Cadillacs und Bentleys sind hier zu sehen als in irgendeiner anderen Kleinstadt Mitteleuropas. Sie parken vor den großen Juweliergeschäften an der Promenade. Das Seltenste vom Unbezahlbaren liegt in den Auslagen, der Wittelsbacher Diamant beispielsweise oder emaillierte Zahnstocher Marie-Antoinettes. Dazwischen Schmuck für alle Bedürfnisse. Föhnlicht prickelt in den Brillanten, sie scheinen zu wachsen und sich in ihren Fassungen zu drehen. Ähnliches geht in den Augen der Betrachter vor, Wünsche und Bedenken jagen sich flackernd, schnelle Seitenblicke testen die Kaufkraft des Nachbarn. Madames Pelz gibt Aufschluss. Luzerns Klima erlaubt den Pelz auch in den Hundstagen. Nicht zuletzt hat es den Ruf, die wetterwendischste Sommerfrische zu sein, ein Ort, der wie kein anderer Gelegenheit zum Tenue-Wechsel gibt, drei- bis siebenmal täglich: Wasserski-, Lunch-, Fünfuhrtee-, Shoppingdress …

Größere Toilette bleibt den Stunden geistiger Genüsse vorbehalten, den Konzerten der Sommerfestspiele. Da holt man sich seinen Karajan ins Opernglas und studiert ihn ganz privat: den *éclat* des weißen Hemdes überm braun geäderten Handrücken, die meditativen Vereinsamungen dieser Hände, Fingerspitzenyoga.

Später eine Serenade vor dem Löwendenkmal … Tuileriensturm … Die Gedanken schweifen ins Geschichtliche ab.

Bis zum Schillerstein sind es nur wenige Kilometer. Küss-nacht … Wilhelm Tell … Dann die Verschwörerwiese am oberen Urner See. Wie hießen die drei Partisanenführer? Wäre ihre Intrige gegen Reichs- und Polizeiordnung schief-gegangen, würde man die Methode bedenklich finden, östlich sozusagen. Bauernproletariat, das zur Selbsthilfe greift. Wohin das führt, hat man vor Augen!

Überm matt erhellten Löwendenkmal trüben sich die Sterne. Morgen wird es regnen.

Es regnet wirklich. Schlafzimmerstimmung in den Gas-sen. Nebel zieht den Vorhang und wattiert die Gehsteige. Die Dachlanzen der Hofkirche durchstoßen ihn nicht, stumpfen sich zusehends ab. Auf der monumentalen Treppe vor der Kirche wird an warmen Sommerabenden Theater gespielt. Soldat, Kaufmann, Nonne, jede Figur hat ihre Stufe, auf der sie sich bewegt. Kann sie höhersteigen oder absinken? Führt ihr Handeln zur wirklichen Begegnung? Es gibt Worte, welche die unsichtbaren Schranken umstoßen. Ihrem Sog hält keine Überlegung stand, man fühlt die Kleider auf der Haut und sitzt plötzlich unter Nackten. Man erkennt auch, da spricht nicht der oder jener, sondern jede Figur zielt auf mich, und ich bins, der mit ihr spielt.

Das Nebelwehen verwischt die Szene. Zeit, Museen und Galerien zu besuchen. Die kleinen Antiquitätengeschäfte der Altstadt sind Fundgruben für den Kenner. Da gibt es noch Luzerner Wappenscheiben, barocke Holzplastiken, Ba-rockspiegel, Barockuhren. Der Schwung dieser vergoldeten Schnitzereien und Bronzen hat nichts von seiner frohlockend jugendlichen Kraft verloren. Und ist es heute nicht verblüf-fend, festzustellen, wie ungegenständlich diese Rocaillen wir-ken? Es vollzieht sich kein Bruch mit der natürlichen Vorstel-lungswelt wie im späten Kubismus, der Gegenstand wächst pflanzenhaft wuchernd über sich selbst hinaus, entkörpert sich zu reinen Rhythmen. So löst er sich auch niemals aus dem Lebenszusammenhang, ein Erstarren in kristalliner Sterilität ist ausgeschlossen. Scheinbar nur mit sich selbst beschäftigt, enthemmt die Rocaille in Wahrheit den Spieltrieb auf spontanste Weise. Solche suggestive Macht ist das Zeichen ihrer Echtheit; mit dem ausgehenden 18. Jahrhundert erschöpft sie sich, und alle späteren Wiederbelebungsversuche enden erfolglos.

Beharrlich regnet es. Die Schatten der Seeufer und Berge hängen im Leeren wie verwaschene Tapetenmuster. Im Kunsthaus sind griechische Kleinbronzen ausgestellt. Eigentlich sind es Monumente – was bedeutet ihr Maß in Zentimetern? Da steht ein kaum fingerhoher Stier. Bei aller Zierlichkeit ist das große Plastik. Nicht nur ästhetisch einwandfrei, gekonnt, elegant, sondern von jener Lebensmacht erfüllt, die vergessen lässt, dass man ein Kunstwerk betrachtet. Daneben zwei schreitende Krieger, die Lanze erhoben. Unwillkürlich denkt man an die Landsknechte auf den alten Wappenscheiben im Historischen Museum. Hier Grieche – dort Alemanne, zwischen beiden ein Weltalter. Hier rüde Nacktheit, vom Rauch der Lagerfeuer gebeizte Körper, stampfende, wie mit Pferdehaut überspannte Schenkelpaare; die fixen Gesichtchen sonnen sich ausdruckslos im Schrecken, den sie verbreiten … Dort in Samt und Brokat sich spreizendes Bauernblut, federumbauschte Brust und schief sitzender Gliedlatz, sperrig wie ein Champagnerpfropf, goldener Schwertknauf und im Ärmelflausch Seidenfutter, welches bei jeder Bewegung blutrot aus den Schlitzen quillt … Thermopylen, Marignano. Hat sich etwas geändert? Sinkt unsere Bluttemperatur mit den Jahrhunderten?

Der Regen setzt aus.

Viel Sehenswertes erschließt sich nur dem Fußgänger. Ihn lockt Luzerns Wahrzeichen, die berühmte Kapellbrücke. Auf hohen Stelzen hängend, birgt ihr archenähnliches Gehäuse eine Bilderchronik der Waldstätte. Es sind über hundert mit Sprüchen versehene Bildtafeln, welche in dramatischen Farben Begebenheiten aus der Geschichte schildern. Diskret in die Giebelfelder des Dachgerüsts eingelassen, ziehen sie den Blick nicht sogleich an. Aber spiegelndes Wellenlicht, ein reflektierter Sonnenstrahl lassen sie unvermutet aufblitzen.

Mit jedem Schritt wird man an die Macht der alten Lucerna gloriosa erinnert, an die Zeit des »Schweizerkönigs« Ludwig Pfyffer, der die Herrscher Europas mit Söldnern belieferte. Päpstliche und kaiserliche Agenten suchten sich hier das Passende aus, und da das Angebot die Nachfrage kaum befriedigte, hatte mindere Kundschaft das Nachsehen. Man war sich in den Waldstätten des eigenen Wertes bewusst und sprach in den Welthändeln sein gewichtiges Wort mit.

Der Himmel geht auf – durchs löchrige Blau bricht Sonne. Das Modell bestätigend, bauen einige Berge am Panorama, Lücke um Lücke schließt sich, dann, urplötzlich, drängen alle ins Blickfeld. Den Vortritt erzwingt der Pilatus. Blank gewaschen glätten sich Falten und Fältchen, und die Art, wie er seine harmlosen Gipfel aufzählt, ist nicht frei von Pedanterie. Umso mächtiger wirkt sein Schattenriss in der Abenddämmerung; man entdeckt dabei, was die Engländer für diesen Berg einnimmt: ein gewisses viktorianisches Pathos seiner Formen. Während er den westlichen Bildrand schon sacht beschattet, hellt sichs im Osten weiter auf. Überm Dunst schwebt dort ein graublaues Doppelzelt aus fast durchsichtigem Stein, der Rigi oder, wie enger Vertraute sie nennen dürfen, die Rigi. Die Blickrichtung mit dem Pilatus kreuzend, widerspricht sie ihm in mancher Hinsicht. Jede Draperie ist ihr fremd, ihre ausgewogenen Maße reizen das Auge nicht unmittelbar, beschäftigen es aber umso nachhaltiger. Zwischen auslaufenden Segeln zeichnet sich langsam ihr Spiegelbild ab, der See versammelt darin sein tiefstes Blau, und auf einmal steigt es hoch, füllt, vom flockigen Weiß vieler Möwenflügel getragen, die ganze Kontur des Felsenzeltes. Leise in den Rändern vibrierend, scheint es sich zu straffen. Kein anderer Berg kennt diese Farbe mit dem warmen, hyazinthdunklen Unterton.

Einen Abglanz davon borgt sich der Bürgenstock. Anspruchsvoll belegt er die Mitte des Panoramas. Vor etlichen Zehntausend Jahren, als der Seespiegel höher stand, war er eine Insel. Die Nordansicht wahrt diesen Schein noch immer, und man ist enttäuscht, in seinem Rücken eine zahme Trift zu finden, die ihn ans Land kettet. Seine geballten Felsenmassen weit übers Wasser reckend, sucht er loszukommen. Die benachbarten Berge weichen etwas zurück, im Hintergrund erscheint das Urner Massiv – das Bild schließt sich. Man war vorbereitet und ist trotzdem überrascht. Im Gedächtnis bleibt jenes innere Aufleuchten, das vielleicht Wiedererkennen bedeutet …

Was glaubt man zu erkennen? Dies kraftvolle Ineinandergreifen von Nähe und Ferne, den Tiefgang des fast schattenfreien Raums, aus welchem die Staffelungen der Berggipfel wie hellere und hellste Stufen des Bewusstseins treten, den Himmel endlich, dessen Strahlung nur die ruhig flackernde des Wassers antwortet? Ein einziger Vergleich bietet sich an: Griechenland. Der Blick vom Isthmos hinüber nach Akrokorinth. Ufer und Berggrate wachsen so klar ins Gefühl, dass die Vorstellung auch das Verborgene abzutasten vermag. Die sonderbare Ruhe gesättigten Schauens stellt sich ein, eine Freiheit, die es genießt, keinem Gedanken zu verfallen und keines Wortes Beute zu werden. Wo Worte allein einen Sinn gründen, bleibt es beim bloßen Verstehen, das von Mal zu Mal mit der Frage endet.

Der Wind dreht nach Nordosten. Auch die Segel vor Tribschen wenden. Das Schlösschen auf seinem kurz geschorenen Hügel hat etwas von einem adretten Möbel; wagnersche Schwäne in den Buchten besorgen den Dekor. Hinter der Einfahrt werden die Museggtürme sichtbar. Ihre launigen Formen zeugen vom handfesten Humor der Erbauer. Witz und beweglicher Sinn gelten als die Tugenden des Luzerners, mehr als seine Miteidgenossen hält er zudem auf Tradition. An den Markttagen sieht man noch immer Trachten, und ist einmal Chilbi, kommen die »Meitschi« von Uri und Unterwalden in weißem Mieder und schneesternzartem Silberschmuck.

Altes Brauchtum erhält sich auch im Zeremoniell der Fasnacht. Das Patriziat bleibt dem Umzug am Schmutzigen Donnerstag fern, schließt aber seinerseits die übrigen Stände von dem fashionablen Dreikönigsball aus; er bildet den Höhepunkt des gesellschaftlichen Lebens. Noch erinnern zahlreiche Villen an die Rolle, welche die von Pfyffer, Balthasar, Crivelli und andere in der Geschichte Luzerns gespielt haben. Die Demokratie der Urkantone war ja in hohem Maße von Adel und Geistlichkeit getragen, doch verleugnete dieser Adel seine bäuerliche Herkunft nicht. Man denke etwa an die Attinghausen. So kam es zu jener im Ganzen gesehen erfreulichen Entwicklung, welche die Dinge nahmen. Anschaulich belegt dies die historische Sammlung. Eine Folge wertvoller Stiche hält zudem die bauliche Entwicklung Luzerns fest. Im 18. Jahrhundert scheint ein Äußerstes an Harmonie von Landschaft und Architektur erreicht zu sein. Die Sitten werden leicht, letzte Verfeinerung des europäischen Lebensstils, verbunden mit einer Daseinsseligkeit, die kein Jenseits mehr sucht. Doch Hand in Hand damit das Erwachen des technischen Geistes. An die Stelle organischen Planens tritt der Kalkül, fast widerstandslos beginnt sich das Leben dem Produktionsprozess unterzuordnen. Zwar wachsen die zivilen Ansprüche; dem gesteigerten Bedürfnis nach Komfort aber entspricht eine Immunisierung gegen das Hässliche. Die Gesichter werden einfach, gewisse Züge wiederholen sich zu oft, wirken vorfabriziert. Der schöpferische Gestaltungswille der Zeit und sie selbst drängen vom Bleibenden weg, vom Sein und Dasein überhaupt, Automobil und Flugzeug sind mehr als Mittel zum Zweck. Auf eindrückliche Weise zeigt das die Sammlung im Verkehrshaus: Ein letzter Schritt kündigt sich an, der vom fliegenden zum schwerelosen Menschen.

Es wird Abend. Der Himmel hat keinen Wind mehr. Dünne Dämmerfarben blättern auf den See herab, das einlaufende Motorschiff wischt sie aus. Nur der Lichtkeil einer besonnten Alp dringt zur Tiefe, wo er sich in leuchtende Prismen auffächert.

Wir erinnern uns an Meyer-Amden (der in dieser Gegend lebte). Über das *Geistige in der Kunst* wurde einiges gesagt. Seine lautstarken Verkünder, welche ein hintergründig Wirkliches aus jeder Form zu pressen suchen, tun es zur Hauptsache gedanklich. Die wahren Metaoptiker, Klee in glücklichen Momenten und der bedeutendere Meyer, üben keine Gewalt. Das Geheimnis bleibt gewahrt, vollzieht sich aber in ihren Bildern als jenes Zurücktreten des Geformten – Fels, Baum, Tiergestalt – hinter seine Bedeutung. Meyer endet bei einem einzigen Motiv, den Kindergesichtern eines kleinen Bergdorfs. In kreisender Ordnung das Dunkel der Schulstube erhellend, enthüllen sie ihr astrales Wesen. Stirn und Gestirn sind Träger desselben Lichts.

Nacht belagert den hohen Mauerring, unter den sich die Stadt duckt. Ihre erleuchteten Häuserfronten blicken nach Süden; an den offenen Fenstern stehen Italienfahrer, weit hergereist. Nur noch der Gotthard trennt sie vom Ziel. Aber das Italien der klassischen Romane und Bilder gibt es nicht mehr, Mailand, sogar Florenz können enttäuschen. Darum ist es gut, hier haltzumachen. Die nördliche Natur bietet ein Höchstes auf an Lieblichkeit und dämonischer Kraft, sie will überreden, zurückhalten. Doch wie hinter unsichtbaren Gitterstäben winkt eine geahnte, vielleicht unmögliche Freiheit. Man verspürt etwas vom Drang des Zugvogels vor dem Herbstflug. Innere Flügel zittern. Morgen, auf der Passhöhe des Gotthards, werden sie sich öffnen.

Luzern: Der Bahnhof brennt!

Gertrud Leutenegger

Nein, nicht an der lichterloh flammenden und in sich zusammenberstenden Decke, nein, viel höher, hoch in der Bläue des Himmels ist die Schaukel befestigt gewesen, auf der ich hin und her durch mein brennendes Vaterhaus ritt, über dem in die rauchige Tiefe gestürzten Wohnzimmer, den weiß züngelnden Flammen, die an den stehen gebliebenen Wänden emporleckten und die Tapeten kräuselten, bis sie in einzelnen glühenden Fetzen in den Abgrund trieben, wiederholte Male, jede Nacht, bin ich auf der am Himmel befestigten Schaukel durch mein brennendes Vaterhaus geritten, ich war noch ein Kind, sagt mein Vater, ich drücke meinen Reisekoffer an mich und mich selbst näher zu meinem Vater hin, aber jetzt schweigt er, hinter dem vorspringenden Profil seiner Nase werden die gestärkten, aufgeregt in die Luft abstehenden Haarmaschen meiner Schwester sichtbar und das zur Bahnhofskuppel hinaufgekehrte, von dort her hell beschienene Gesicht meiner Mutter. Die Schalterhalle ist voller Stimmen, voller sich überstürzender und verlangsamender Schritte, meine Mutter aber neigt den Kopf immer mehr nach hinten, um nichts anderes mehr als die Kuppelhöhe über ihrem Gesicht zu haben, aus dem nun die letzten Spuren der erhitzten Reisevorbereitungen weichen, die alljährlich hier in die Zentralkuppel des Luzerner Bahnhofes münden, in dieses erlösende Warten auf den Brünigzug, der uns endgültig nach dem aus der Tiefe jedes Sommers immer wieder von Neuem lockenden Sarnen entführen wird. Hoch, unbeschreiblich hoch am Himmel war die Schaukel befestigt, wiederholt mein Vater, noch höher als diese Kuppel, frage ich, und mir erscheint sie doch unerreichbar, ich sitze wie in einem nie gesehenen Dom, die Altarbilder der Reise auseinandergefaltet um mich, schon vom einfahrenden Zug her der verlassene Blausee an der Stirnseite der Halle, wenn auch ein bräunlich stockendes Blau, doch noch während der Fahrt das hastige Hinunterlassen des Fensters und über den bewegten Köpfen, den langsam zum Stehen kommenden Zügen dieses Winken von Blau, die Reise war ungewiss, bis das Aufscheinen des Blausees sie in die Wirklichkeit führte, in die monumental sich eröffnenden Aussichten im Innern der Halle. Hier traten wir ein in die Gewissheit der sommerlichen Versprechungen, das Gesicht meiner Mutter wurde weit unter dem aus der Kuppelhöhe niederströmenden Licht, ich glaubte alljährlich im dargestellten Matterhorn eine unerhörte Übersteigerung des Großen Mythen vorzufinden, und alljährlich konnte mein Vater seine Witze über diese meine fixe Verliebtheit nicht unterdrücken, gleich beim Eintritt in die Halle schrie ich gespielt verzückt: der Große Mythen!, worauf meine Schwester kichernd ihre Haarmaschen straffer zog. Meine Mutter aber übersah, dass ein Endchen ihres Unterrocks aus einer Kofferecke heraushing, sie sah nur die Kuppel über sich und ich nur die weiteren überwältigenden Aussichten einer nicht unvertrauten Fremde, in denselben etwas schwerfällig trüben Farbübergängen gemalt wie die Lesebuchbilder und wie diese, mein erstes Panorama über die Welt. Die dunkle Frage, warum reisen wir, ausgebrochen oder freiwillig vertrieben, sei es um unsere Unersättlichkeit zu beschwichtigen, sei es um immer neue Versprechen an uns zu ziehen, leuchtete darin auf ohne Antwort. Mein Vater reitet auf der Schaukel durch das brennende Vaterhaus, die losen Tapeten flackern durch die hinuntergestürzten Zimmer, reisend gerät ihm alles in Bewegung, schon beim Aufbruch kehrt er die unglaublichsten Seiten hervor, im letzten Moment, da er längst den großen Lederkoffer hätte zur Bahn bringen sollen, saust er, der seit Jahrzehnten kein Fahrrad mehr bestiegen hat, strahlend gelaunt auf einem fremden Rad herbei, nimmt den Koffer, verschwindet und erscheint überhaupt nicht mehr, meine Mutter verlässt mit uns Kindern bereits ziemlich aufgelöst das Haus, da braust er sorglos auf dem Hintersitz eines Motorrollers an. Auch mich hat die süße Panik des Abreisens erregt, während meine Mutter in verzweifelter Konzentration alle Grünpflanzen in die Waschküche hinunterträgt und dort für die Ferienwochen zu einem Gewächshaus versammelt, knie ich über ihrem gepackten Koffer mit den lachsfarbenen Schlafzimmerfarben im Innern, ich hebe die eingelegte leichte Stofflade mit dem Bettjäckchen, den gefalteten Nachthemden, vielleicht zweifle ich nun doch daran, ob sich diese schlafzimmerfarbene Geborgenheit überhaupt in einen Koffer verstauen lässt, ich spiele am Kofferriemen herum, bis er aus der Halterung rutscht, wenn das noch einmal passiert!, hat die Mutter schon letztes Jahr gedroht, müssen wir dableiben. Wir sitzen nun aber trotzdem in der Bahnhofshalle, je heftiger das Gerenne in den langen glasüberdachten Passagen wird, desto gelassener verteilt die Kuppel stille Flächen gebrochenen Lichts, das mich untrennbar allen Gesichtern verbindet, als ahnte ich, dass der Bahnhof als Ort flüchtigen Aufgehobenseins einmal immer wichtiger werden könnte und Ausgangspunkt und Ankunft der Reise immer dunkler. Die deutlich vermerkten Klassenabschrankungen in Wartesaal und Buffet erster und zweiter Klasse beeindrucken mich nur durch ihren Unverstand, eine Ordnung in das mich begeisternde Chaos bringen zu wollen, wir halten uns sowieso nur in der Halle auf, wo die Kuppelhöhe und die in ihrer Monumentalität ruhenden Wandbilder alle Bewegung an sich ziehen. Mein Unterrock!, ruft meine Mutter plötzlich, blickt auf den Koffer und rührt keine Hand, was gar nicht ihre Gewohnheit ist, wenn er dir nur nicht davonläuft, sagt mein Vater, ja, lacht die Mutter, wie dem Bergler, der einen Fuchs schoss und dort, wo das Tier fiel, statt der Beute den roten Unterrock seiner Frau findet, und als er ihr den seltsamen Pelz bringen will, ist die Frau nicht daheim, und sie wird auch nie mehr nach Hause zurückkehren. Doch bald fährt auf dem hintersten, am kürzesten bedachten Perron der Brünigzug ein, er ist am kürzesten bedacht, weil der Ferienhimmel, denke ich mir, bis hierher hereindrängt, blau wie das Winken vom Blausee her, sehr dunkelblau ist auch der unförmige Wagen des Heinrich, der uns in Sarnen abholt und in dessen Wageninnern ich in die Zeitlosigkeit der anhebenden Feriensommertage sinken werde. Die Schaukel aber saust leer durch den Himmel, mein Vater ist gestorben, an einem frühen Morgen im Februar, meine Mutter neigt den Kopf zur Zentralkuppel hinauf, die nur wenig vom Licht des Vorsommertages hinunterlässt. Ich wünschte in einem flammend roten Unterrock aufzustehen, ein Fremder käme und küsste mir die ausgeweinten Augen, aber ich fürchte mich vor meinen Träumen, wenn ich die Schatten auf dem zurückgeneigten Gesicht meiner Mutter sehe, auch die überlebensgroße Frau auf der hellen Wandmalerei Nord und Süd ist ohne Trost, das lichtmüde Gesicht irgendwohin gerichtet, ich kann mich nicht mehr an die Farbe ihres Kleides erinnern, nur an gelblich abgedämpftes Weiß und immer wieder die verschiedensten mit Grau gesättigten Rosatöne, aber ich brauche einen flammend roten Unterrock, liebe Mutter!, so muss ich mir ihn vom Vorhang des Himmels herunterreißen. Hier sitzen nur noch Schlafwanderer, lautlos aus dem Riesengemälde der Gotthardpasshöhe herausgefallen, seit Kurzem auch der als überflüssig deklarierte Tell, ein für alle Mal aus dem gefährlichen Zwielicht des einsamen Mörders verdrängt, auch diesen Tod habe ich nicht verstanden, so wenig wie seine Gloriole im Lesebuch, ich hörte ihn immer nachts die alte Straße zum Gotthard hinaufgehen, ein verschlossener kundiger Säumer, der wusste, warum man den Fremden lang vor der Passhöhe die Augen verband, da sie sonst angesichts der finsteren Schluchten hysterisch zu schreien anfingen, er, der sicher Umgang mit den Venedigern hatte, blieb den Eigenen fremd, sie duldeten zwar den verbrecherischen Aufrührer mit Scheu, aber jetzt hat ihn einer, einer von hier, der sich in dieser Sache so ausländisch verhält, dass ihm Tell die Augen verbunden hätte, mit viel gerühmter lakonischer Souveränität von seinem Zwielicht entlastet, ihm nur unermüdlich reaktionäre Breitbeinigkeit und sture Sommersprossen attestiert, so ist unser Land auch noch vom letzten beunruhigenden Stachel, von einem Attentäter, einem Anarchisten gereinigt, gesäubert, nicht einmal mehr das Aufbegehren eines Einzelnen traut man uns zu, liebe Mutter, einen flammend roten Unterrock!, oder ich muss auswandern. An einem Februarmorgen wälzen sich gigantische Rauchmassen in die schneeklare Luft, die sogar in den umliegenden Kantonen gesehen werden. Der Luzerner Bahnhof brennt! Um 8.30 wird am Kiosk die letzte Zeitung ausgehändigt, dann werden die Fenster vorgeschoben. Obwohl bereits die Sirene durch die Halle gellt, wird im Buffet erster Klasse immer noch das Frühstück serviert. Um 8.35 beginnt das Licht zu flackern und erlöscht mit einem Mal vollends, Getuschel beim Servierpersonal, sonst nichts, die unentwegten Zeitungsleser an den Frühstückstischen lassen sich nicht stören und suchen die von außen spärlich hereindringende Helligkeit, indem sie die Stühle etwas rutschen und die Zeitung höher ans Auge und leicht schräg gegen die Fensterscheiben halten, hinter denen in immer hektischerem Tempo rote Feuerwehrautos vorbeirasen, plötzlich tauchen um 8.40 an verschiedenen Orten im Saal die Kellner gleichzeitig auf und bitten höflich um Bezahlung, um 8.45 erscheint der Chef de service und fordert, sich entschuldigend, alle Gäste auf, das Buffet augenblicklich zu verlassen, den verwirrt Aufstehenden werden vom Personal die Stühle nun förmlich unter der Sitzfläche weggezogen, die Tische mit halb vollen Silberkaffeekannen, angebissenen Buttergipfeln auf die Passage hinausgestellt, Hüte und Mäntel von der Garderobe nur noch zum Teil überreicht, größtenteils aber einfach den Gästen entgegengeworfen, inzwischen dringt beißender Rauch durch die Halle, die letzten das Buffet Verlassenden werden von der Feuerwehr zu den Ausgangstoren gezerrt, die hinter ihnen sogleich zufallen, der Dachstock des Westflügels hat Feuer gefangen, das sich rasch gegen die Kuppel hin ausbreitet, die Frontfenster klirren, unter der Einwirkung der weit über den Bahnhofplatz wahrnehmbaren Hitze brechen ganze Reihen durch, um 8.50 lodern die Flammen mehr krachend als prasselnd aus der Kuppelhöhe, über vierhundert Feuerwehrleute kämpfen sich durch die immer unerträglichere Hitze, Ohnmächtige, Verletzte werden hinausgetragen, in den zahlreichen Blindböden und verwinkelten Gängen des Personaltrakts bricht das Feuer an den unerwartetsten Punkten aus, bereits erfolgen dort überstürzte Rückzüge, das Schlauchmaterial muss in den Flammen zurückgelassen werden, Ziegel fliegen durch die Luft, niederstürzende glühende Balken, gespensterhaftes Aufleuchten von sich krümmenden Eisenteilen, immer aber noch wird der Brand auf klassische Weise von innen bekämpft, dazu schrillt ununterbrochen das außer Kontrolle geratene Alarmhorn, um 9.03 steht die große Uhr an der Frontfassade still, die Kuppelstatik, jetzt ein einziges gleißendes Strahlengerippe, verzerrt sich, um 9.06 bricht unter einem gewaltigen, aber fast lautlosen Flammenspeien die Kuppel in sich zusammen. Auf den Perrondächern weht schwarzer Schnee. Über den Trümmern fliegen rote Fetzen. Warum nur muss ich immer an den Pilatusberg denken, sagt die Mutter, langsam über dem Frühstücksteller die von schwarzen Druckerschwärzeflammen gesättigte Zeitung senkend, wie muss das vom Berg her ausgeschaut haben!, vielleicht steht er auch nicht mehr lang, wie war das nur, was einer vor Jahrhunderten über den Berg gesagt hat, da versank der Pilatusberg in den Erdboden, und offen lag die ganze Welt, und es erschien eine große Menge von Leuten, und hinter den Leuten erschien die Wahrheit, und alle hatten ihr Antlitz von der Wahrheit abgewendet, und allen erschien am Herzen ein großes Gebresten, wie zwei Fäuste zusammen, und dieses Gebresten war Eigennutz, der irrte die Leute so stark, dass sie nicht hinter sich zu schauen vermochten, sowenig der Mensch Feuerflammen ertragen mag, der Mutter ist die Zeitung auf die Butter gefallen, sie steht jäh auf, ruft: das Ende der Reisen! Am Nachmittag ziehen wir die weggelegte Zeitung doch wieder hervor, die Brandmeldungen nehmen sich zusehends verändert aus, zeigen ein fast allgemeines Aufatmen, einen geradezu euphorischen Zug, noch am Tag des Brandes hat unverzüglich eine Pressekonferenz stattgefunden, an der vom Kreisdirektor festgehalten wird, dass ein neuer Bahnhof sicher keine Kuppel mehr erhalte!, man hätte sich ja schon damals, 1896, gefragt, ob eine Kuppel nicht ausschließlich dem Sakralbau vorbehalten bleiben sollte, auch in den Stadtgremien dringt die Meinung durch, dass der Bahnhofbrand nicht nur eine Katastrophe, sondern gleichzeitig die reelle Chance einer Neuorientierung bedeute, die Chance nämlich, dass künftig der erste Eindruck des Reisenden von Luzern ein überzeugender, ein eindrucksvoller sei, ein großzügig geplanter Bahnhof, mit einem Bürogebäude für einschlägige Firmen, mit Niederlassungen und Einkaufszentren koordiniert, ein in die Zukunft gerichteter Neubau!, der alte Bahnhof, mit seinen verschwenderischen Leerräumen, hat die heutigen Forderungen nach Rationalisierung und bestmöglicher wirtschaftlicher Nutzung des gesamten Areals sowieso längst nicht mehr erfüllt, attraktive Bahnhofideen sind jetzt glitzernder Mittelpunkt der Aktualität. Nach Jahren erst reise ich wieder nach Luzern. Es ist Sommer. Wie aus unverlorener Gewohnheit ziehe ich noch während der Zugseinfahrt das Fenster herunter, obwohl ich im selben Moment weiß, das Winken vom Blausee ist für immer gestorben, ich lehne trotzdem hinaus, eine grellblaue Überschrift, bahnhof-shopping, schießt mir entgegen, ich verlasse den Zug, weiß nicht wohin, ein Provisorium, sagen alle, nur ein Provisorium, aber in den Provisorien ist noch immer das Nachfolgende sichtbar geworden, hat sich darin niedergelassen, fest!, wenigstens das lichtmüde Gesicht der Frau, irgendwo überlebensgroß in der Höhe der stehen gebliebenen Hallenwand, möchte ich sehen, aber nichts antwortet meinem Verlangen, das Wandgemälde ist verdeckt, mit Eternitplatten verrammelt, jenes Gesicht vor den weiß gedämpften Wolken blickt ins Dunkel, wie auch der Sinn meiner frühen Sehnsucht nach der Welt dieses Bahnhofs zweifellos im Dunkeln liegt, doch an den Entstellungen ahne ich den Verlust, keine leeren glasüberdachten Passagen mehr lassen Versprechungen aufleben, keine Kuppel bildet das Forum einer zu träumenden Freiheit, so ist Reisen kein Aufbruch mehr, kein Abenteuer und schon gar keine Flucht, Flucht am wenigsten oder am aussichtslosesten, da uns die Schrecken und Überreizungen unseres Zustandes, life is shopping!, bis bisher verfolgen, uns hier, am Punkt der Ablösung, sogar am hartnäckigsten überhäufen, ich sause auf der hoch am Himmel befestigten Schaukel, immer schneller, durch die verschwundene Leere der Halle, wer sieht die emporzüngelnden Flammen, die glühenden Tapetenfetzen, oder mottet es nur, unsichtbar, an allen Rändern, mottet bis zum Ersticken, wo kann ich in diesem Land den ersehnten flammend roten Unterrock noch finden, in keiner Stadt und auf keinem Berg, und den ungeheuren Verrat erkenne ich zuerst hier, an diesem Gegenstand meiner Erfahrung, dem verlorenen Luzerner Bahnhof.

Pilatus – Gesichter und Geschichten

Peter von Matt

Jeder kennt den Berg, und keiner kennt ihn ganz. Denn in Wahrheit ist er ein mächtiger Gebirgszug, der sich mit Graten und Senkungen, mit ausgreifenden Nebenrücken und bald steilen, bald gestuften Flanken weit dahinzieht, felsengrau, waldschwarz und wiesengrün. Was allen vertraut ist und gern für das Ganze genommen wird, ist die klippenschroffe Front nach Nordosten. Sie ragt über der Stadt Luzern in den Himmel, gefährlich und abweisend. Die Kontur erinnert an den gezackten Buckelrücken eines Sauriers und steht in einem auffallenden Kontrast zur sanften Horizontlinie des berühmten Gegenübers, der Rigi. Während der Pilatus, von Luzern aus gesehen, wild und lotrecht auffährt, liegt die Rigi kamelfromm da. Man kann allerdings hier wie dort zu Tode stürzen.

Der Unterschied zwischen den zwei profilierten Bergen wurde früh bemerkt und eine Zeit lang auch zugunsten der Rigi ausgelegt. So nennt im Jahre 1811 der Publizist Joseph Businger in seinem Buch *Die Stadt Luzern und ihre Umgebungen* die Rigi eine »reizende Schöpfung«, und zwar ausdrücklich »im Gegensatz des gegenüberstehenden nackten, zerrissenen Pilatus«. Der »Rigiberg« sei »gerade so, wie man sich alle Gebirge der Alpenwelt gerne wünschen möchte«. Diese Aussage ist aufschlussreich. Sie zeigt, dass man in den ersten Jahrzehnten des Alpentourismus noch keineswegs den direkten Kontakt mit dem Hochgebirge suchte, sondern eher die lieblichen Landschaften und die Orte, von denen aus man ungefährdet und hinter langen Fernrohren in die wirklich wilden Zonen blicken konnte. Businger macht allerdings auch klar, dass für die wissenschaftliche Erkundung der Gebirgswelt, also das, was man heute »die Entdeckung der Alpen« nennt, der Pilatus stets die unvergleichlich wichtigere Rolle spielte: »So ausgebreitet heute der Ruf und so allgemein der Besuch der Rigi ist, so groß und noch berühmter war einst der Name des Pilatusbergs; indem kaum ein Hochgebirge der Schweiz so viel beschrieben und so oft bereiset worden ist, als dieser Felskoloss.«

Wenn die Rigi also um 1800 das Touristenziel schlechthin war, was war denn damals der Pilatus? Er stellte, knapp gesagt, die Verkörperung der ganzen Gebirgswelt dar. Die Rigi war das Sofa, von dem aus man die gefährlichen Riesen betrachtete; der Pilatus aber war der erste dieser Riesen selbst. Deshalb hat sich um den Pilatus stets alle Furcht und alle Faszination, aller Schrecken und alle Begeisterung, die die Gebirgswelt in den Menschen auslöst, verdichtet. Um es mit zwei kunsttheoretischen Schlüsselbegriffen des 18. Jahrhunderts zu sagen: Die Rigi war schön, der Pilatus war erhaben. Drachen hausten in seinen Schluchten und Spalten. Gelegentlich sah man von Luzern aus, wenn die Sonne schon untergegangen war, einen Lindwurm hinüberfliegen zur Rigi, gleißend im letzten Licht und einen zischenden Feuerschweif hinter sich. Ein Ort der Geister und Dämonen war der Pilatus, ein Gegenstand all dessen, was wir heute Aberglauben nennen. Gerade deshalb aber wurde er auch zum Ort der systematischen Widerlegung von Mythen und Märchen, zum Ort der Wissenschaft. Wenn wir die Wissenschaften insgesamt als den jahrhundertelangen Prozess der menschlichen Selbstbefreiung von Glaubensängsten aller Art bezeichnen dürfen, dann kommt dem Pilatus in diesem Prozess eine einzigartige Rolle zu, eine Rolle mit dramatischen Einschlägen.

Es gibt Gründe für die Annahme, dass die Römer den Berg Pilleatus nannten, als sie die heutige Schweiz kolonisierten. Immer andere Wolken lagerten um dessen Gipfel; häufig trug er einen Nebelhut oder eine herabgezogene Wolkenkappe. »Pilleus« heißt auf Deutsch »Filzhut«, »Mütze«, »Kappe«. Pilleatus wurde einer genannt, der sich ein Käppchen über die Ohren gezogen hatte. Der Pilleus war das Standeszeichen der Fischer und Seefahrer. In der Römerzeit waren die kappentragenden Fischer am fischreichen See ein alltägliches Bild. Bevor sie ausfuhren, schauten sie zum Berg hoch, um die Wetterlage zu prüfen. Bis heute ist der Pilatus sprichwörtlich für seine veränderlichen Kopfbedeckungen, sprichwörtlich als Ort der Wetterküche und der Wetterprognosen. Wie an der Kirchenuhr die Zeit, kann man an ihm die meteorologische Situation ablesen. Die Kinder wissen es:

Trägt der Pilatus einen Hut,
Wird das Wetter gut.
Trägt er eine Kappen,
Fängt es an zu gnappen. (wackeln, kippen)
Trägt er einen Degen,
Gibt es sicher Regen.

Als die deutschsprachigen Alemannen langsam in die Innerschweiz einwanderten und die keltisch-römische Bevölkerung in die Bergtäler zurückdrängten, übernahmen sie viele Orts- und Bergnamen, ohne sie zu verstehen. Und was man nicht versteht, deutet man um. Als Sinngebung für das unverständliche Pilleatus bot sich sofort der berühmt-berüchtigte römische Landpfleger Pilatus an, unter dessen Regime Jesus von Nazareth in Jerusalem hingerichtet worden war. Von dem musste der Berg seinen Namen haben. Und da man in den felsigen Gipfeln über Luzern die Wüsten der Hochgebirge unmittelbar vor Augen hatte und in den Wüsten der Hochgebirge nach allgemeiner Überzeugung die bösen Geister hausten – »Fahr in dein Gebirge!«, riefen die mittelalterlichen Geisterbanner den vagabundierenden Teufeln zu –, musste der Landpfleger Pilatus jetzt logischerweise ein böser Geist sein, der irgendwo in den Felsen, Schrunden oder Grotten des zerklüfteten Berges seinen Schlupfwinkel hatte.

Den Namen »Zerklüfteter Berg«, »Fractus mons«, hatten die Römer dem Pilatus ebenfalls gegeben. Er lebt weiter in der Bezeichnung »Fräkmünt« für die Alp am Fuße der Nordwand. Dort gab es immer besonders viele Drachen. Auch auf der Gegenseite, im Obwaldnischen, heißt eine hoch gelegene Viehweide Fräkmünt. Obwohl die Deutung mit der Fischerkappe die reizvollste ist, muss man zugeben, dass die ältesten Urkunden nur vom Fractus mons, Frakmont, Frekmünd, fragmounde und fragmond sprechen.

Aber vielleicht ist nochmals alles anders, und sowohl den Pilleatus wie den Fractus mons haben Gelehrte erfunden, die einem unverständlichen älteren Namen ein elegantes und gebildetes Design geben wollten. Dass sich die römischen Fischer indessen einen tüchtigen Pilleus über die Ohren zogen, wenn sie zum Kreuztrichter hinausruderten, wo die besten Fische stehen, ist angesichts des regenfreudigen Luzerner Wetters nicht zu bezweifeln.

Angesichts der Tatsache, dass die ersten Expeditionen in dieses Felsmassiv über der Stadt Luzern zusammenfallen mit dem Beginn der empirisch-wissenschaftlichen Forschung in der Schweiz überhaupt und dass sich zuletzt auch noch die sprachwissenschaftliche Namenforschung an der Arbeit seiner Entzauberung beteiligt, kann man mit Fug und Recht sagen, der Pilatus sei, historisch gesehen, nicht nur ein gewaltiges Stück Natur, nicht nur ein brodelnder Herd der Mythen und Legenden, sondern auch ein Labor der Wissenschaft. Seine magische Aura hat das rationale Denken herausgefordert und zu verwegenen Experimenten angestachelt.

Zunächst aber wurde die Gespenstersage ausgebaut. Die Menschen müssen ja die bösen Geister erfinden, bevor sie vor ihnen in Angst und Schrecken geraten können. So entwickelte sich die Pilatussage zu einem halben Roman, in den auch noch der Kaiser Tiberius und Veronika mit ihrem Schweißtuch verwickelt waren. Als Selbstmörder habe der schlimme Landpfleger geendet, heißt es in den Berichten, aber sein Geist habe keine Ruhe gefunden. Zuerst sei er in den römischen Tiber gefahren, dann in die Rhone bei Vienne, dann in den Genfersee bei Lausanne, und immer habe er mithilfe der vielen Teufel, die ihn umschwirrten, Gewitter und Erdbeben verursacht, sodass man ihn wieder verjagen und anderswo eintun musste. Schließlich trieb man ihn auf den Gebirgsrücken südwestlich der Stadt Luzern und gab diesem auch gleich seinen Namen. Da hauste der Dämon zunächst auf einer Felsenspitze, die man heute noch sehen kann, genannt das Mittaggüpfi. Wer etwas von Landkarten versteht, findet den Ort unter den Koordinaten 686.980/202.560. Hier tobte er aber wüster als je. Aus der Ferne konnte man zusehen, wie er sich auf seinem steinernen Thron als Herrscher gebärdete, satanisch stolz, wie er brandschwarze Wolken hochtrieb und Blitze dreinwarf und Hagelwetter losschickte, sodass alle Bergbäche anschwollen und Verheerungen anstellten weitherum. Es war ein böses Dabeisein. Bis eines Tages ein fahrender Schüler daherkam, ein »Venediger«, der mehr konnte als Brot essen und es mit dem schändlichen Landpfleger aufnahm. Mehrere Tage dauerte der Kampf mit Bannsprüchen und Gegenzauber. An der Stelle, wo der fahrende Schüler stand, wächst bis heute kein

Gras mehr. Zuletzt musste Pilatus zähneknirschend nachgeben und in ein versumpftes Seelein in der Nähe der Oberalp fahren. Wer etwas von Landkarten versteht, findet den Ort unter den Koordinaten 658.350/202.640. Da steckte er nun und konnte nicht mehr schaden. Nur einmal im Jahr tauchte er auf, am Karfreitag, zur Stunde, wenn in den Kirchen die Passion gefeiert wurde. Dann saß er mitten im See auf seinem alten Thron und in der alten Richtertracht und wusch sich in einem Silberbecken immerzu die Hände. Bart und Haar fielen eisgrau und meterlang an ihm herab, und auf seiner Schulter saß eine Elster. Man schaute besser nicht hin, denn wer ihn sah, überlebte das Jahr nicht. Wenn aber einer Steine in das Seelein warf und den Geist in der Tiefe verhöhnte, ward diesem die alte Macht wiedergegeben. Dann zogen Unwetter auf, und die Wildbäche brachen los und verwüsteten die Bergflanken und die Dörfer und zuletzt auch die fromme Stadt Luzern, nämlich alles links von der Reuss.

Die Stadtregierung musste handeln. Was wäre das für ein Amtsverständnis, wenn man zuließe, dass jeder übermütige Esel und Hooligan die halbe Stadt unter Schutt und Wasser setzen kann! Überdies war auch der Spruch bekannt geworden, mit dem sich der versenkte Landpfleger am sichersten provozieren ließe: »Pilat! Pilat! Wirf us din Kaat!« (Kot) Diesen Satz konnte er durchaus nicht ertragen. Es begann schon zu donnern, bevor er noch fertig ausgesprochen war. Also schickte die Regierung jedes Jahr im Mai einen Stadtknecht zu den Sennen auf den Alpen Bründlen und Oberalp und ließ sie schwören, keinen Menschen in die Nähe des Pilatusseeleins zu lassen.

So alt wie die Gesetze sind die Versuche, sie zu übertreten. Obwohl die strengen Verbote bis gegen 1600 in Kraft blieben, begannen die mythenkritischen Expeditionen bereits zweihundert Jahre früher. 1387 wurden sechs Priester in Luzern zu Gefängnisstrafen verurteilt, weil sie es gewagt hatten, den Pilatus zu besteigen. Niklaus Bruder von Zürich war der Anführer. Hundert Jahre später, in der Zeit des Humanismus, wurde dieser Berggang zu einem eigentlichen Ritual des wissenschaftlichen Aufbruchs. Die besten Namen der frühen Schweizer Wissenschaftsgeschichte finden sich unter den Pilatusforschern: Felix Hämmerlin, Vadian, Myconius, Conrad Gessner, Felix Platter, Renwart Cysat … Die entscheidende Tat unternahm 1585 der Luzerner Stadtpfarrer Johann Müller. Er vollzog endlich am Pilatussee den Grundakt der modernen Naturwissenschaft: das Experiment. Im Beisein vieler Zeugen warf er Steine in das Sumpfwasser, beschimpfte den Geist in mehreren Sprachen, rief schallend: »Pilat! Pilat! Wirf us din Kaat!« – und nichts geschah. Dann ließ er ein paar mutige Burschen durch den Tümpel waten. Von einem Abgrund keine Rede! Jetzt zog auch die Stadtregierung die Konsequenz. Sie ließ die kleine nasse Senke abgraben, und der Mythos versickerte zusammen mit dem fauligen Wasser.

Angesichts der Stellung, die der Pilatus in der Wissenschaftsgeschichte einnimmt – ihm galten die erste Lokalflora der Schweiz, die erste Bergmonografie, die erste Spezialkarte, das erste Bergrelief –, wäre es nur folgerichtig gewesen, wenn die Stadt Luzern auch die erste Universität der Schweiz erhalten hätte. Nun besitzt sie die jüngste. Aber diese blüht und hält weiterhin die Fahne des unvoreingenommenen Denkens hoch, welche einst die mutigen Humanisten oben auf den grauen Klippen in den Bergwind stellten.

Politisch gehört der Pilatus keineswegs allein den Luzernern. Das sei hier mit einem gewissen Nachdruck festgehalten. Die ganze spektakuläre Gipfelzone liegt auf dem Hoheitsgebiet von Ob- und Nidwalden, und genau genommen sind es die Nidwaldner, die der Stadt Luzern die herrliche Krone aufsetzen. Von einer entsprechenden Dankbarkeit weiß die

Geschichte allerdings nichts zu berichten. Vielmehr werden die Bewohner der Urkantone von den Stadtluzernern mit einer leisen, aber unüberhörbaren Herablassung als »Länder« bezeichnet – ein Ausdruck, mit dem sich allerlei rustikale Vorstellungen verbinden –, und der Verfasser dieses Aufsatzes, der aus Stans stammt und in einem Haus aufgewachsen ist, das bis zum Dach voller Bücher steckte, musste sich als junger Mann in der Stadt Luzern mehrfach die Frage gefallen lassen, ob er unter Ziegen aufgewachsen sei: »Hend er Geisse deheime?« Die Noblesse des älteren Herkommens – Luzern schloss sich ja dem Bund der Urkantone erst nach dreißig Jahren an – erträgt solche Sticheleien lächelnd.

Frappierend die merkwürdige Gleichzeitigkeit von Einheit und Vielfalt, das immerzu wechselnde Gesicht des Pilatus. Wer ihn von Nordwesten her betrachtet, etwa von Ruswil aus, käme nie auf den Gedanken, dass dieser lang gestreckte Bergzug etwas mit der klippenschroffen Front über der Stadt Luzern zu tun haben könnte. Von Osten her gesehen, etwa von Stans aus, erscheint er weder gestreckt noch kronenähnlich, sondern als reich modelliertes, doppelgipfliges Gebilde mit breiten Mulden und vorgelagerten Buckeln. Die Südsicht wiederum, der Blick von Sachseln her zum Beispiel, macht besonders deutlich, was zum Pilatus so wesentlich gehört und doch am wenigsten bewusst ist: dass er eine ausgedehnte alpine Kulturlandschaft bildet, eine bäuerliche Welt mit zahllosen Bergweiden und Wäldern, die genutzt werden seit vorrömischer Zeit. Das Pilatusseelein wäre nie so berühmt geworden und auch nicht zu seiner Legende gekommen, wenn es sich nicht in der Nähe der beiden nahrungsreichsten Alpen am Pilatus befunden hätte, Bründlen und Oberalp.

Und doch empfindet man den Berg als Einheit. Er bleibt unverwechselbar bei aller Vielfalt. Der Grund dafür ist nichts Spitzfindiges und nichts Mysteriöses. Er liegt in einer schlichten geografischen Tatsache. Wie kaum ein anderer Berg am unmittelbaren Alpenrand steigt der Pilatus nämlich für den Blick aus drei Himmelsrichtungen, Norden, Osten, Süden, von der ungefähren Seehöhe (434 Meter über Meer) zur Gipfelhöhe von über 2100 Metern. Das lässt ihn so herausgerückt erscheinen, als hätte er einen Schritt ins Mittelland hinausgetan. Er hat diese Eigenschaft mit der Rigi gemeinsam, die allerdings niedriger ist, und mit dem Alpstein, dem Geschwistergebirge im Osten der Schweiz, das wie ein riesiges Schiff vor den steinernen Wogen der Alpen vor Anker liegt. Um den Pilatus kann man auf gleichmäßiger Höhe beinahe herumgehen.

Der Pilatus war nie ein heiliger Berg wie der Fudschijama oder der Olymp. Er war unheimlich, gefährlich und verrufen. Die Bauern und Sennen, die Holzer und Köhler erlebten ihn als einen Ort der harten Arbeit, die Intellektuellen als einen Ort der praktizierten Aufklärung. In der patriotischen Mythologie, die für das politische Überleben der Schweiz so wichtig war, spielte er kaum eine Rolle. Dabei ist diese patriotische Mythologie in seinem Schatten erstmals formuliert worden, von Hans Schriber, Landschreiber in Sarnen, einem geborenen Engelberger, der um 1470 im *Weißen Buch von Sarnen* die älteste zusammenhängende Gründungsgeschichte der Eidgenossenschaft mitsamt der Tell-Legende vorlegte und die drei Urkantone Uri, Schwyz und Unterwalden durch ein einfallsreich gestricktes Netz von Heldengeschichten verknüpfte. Es wäre ihm ein Leichtes gewesen, den einen und andern dieser wackeren Männer auch auf den Pilatus zu schicken oder einen besonders bösen Vogt in einem besonders schwarzen Bergsee zu versenken. Das geschah nicht, und so blieb der Berg stets etwas am Rande der politischen Sakrallandschaft der Schweiz um Rütli und Gotthard, Morgarten und Sempach. Die Luzerner versuchten das Manko wettzumachen, indem sie das

Löwendenkmal in eine stadteigene Felswand meißelten. Aber da dieses Monument den Kampf der Schweizer Söldner gegen die republikanischen Revolutionäre der Stadt Paris feierte, stand es auf seine Weise schief im Bilderbuch der demokratischen Schweiz.

Es macht den Reiz des Pilatus aus, dass man ihn in keiner Art auf einen Nenner bringen kann. So eindeutig er als Touristenziel erscheint, mit den drei Bergbahnen, die den östlichsten Gipfel über die Nord- und die Südflanke erschließen, so weitläufig ist er gleichzeitig mit seinen vielen einsamen Hängen und Tälchen und Terrassen, die man nur vorsichtig und gut ausgerüstet aufsucht. Manche Geheimnisse, wie etwa die Lage der Narzissenwiesen oder der Schnepfenstriche, erfährt man von den Kennern nur unter der Hand. Die Brennpunkte des Tourismus haben überall die Eigenschaft, dass sie scharf begrenzt sind. Oft braucht es bloß ein paar Schritte, und man fühlt sich meilenweit entfernt von den Souvenirkiosken und den trippelnden Kolonnen mit ihren surrenden Kameras. Das ist an der Adria so, ist vor dem Eiffelturm so und vor dem Schiefen Turm zu Pisa, in San Francisco und auch am Pilatus. Der Tourismus prägt nur eines seiner vielen Gesichter. Er macht ihn berühmt und hält ihn im Bewusstsein. Er befördert den Berg zu dem, was man einen Standortvorteil mit hohem Marktwert nennt. Auch war die touristische Erschließung eine technische Spitzenleistung wie der Eiffelturm oder die Golden Gate Bridge. Wer den Pilatus aber kurzerhand auf seine Funktion im internationalen Reisebusiness reduziert, täuscht sich und verpasst darüber ein herrliches Stück Welt.

Tribschen – Richard Wagners Geisterinsel

Ludwig Marcuse

In seinem zweiundfünfzigsten Jahr, Ende 1865, musste Wagner das München seines »angebeteten, engelgleichen« Königs verlassen. Neunundfünfzigjährig kam er in Bayreuth an. Dazwischen liegen die Jahre in Tribschen bei Luzern. Als er am Ostermontag 1867 die Schwelle seines zweiten »Asyls« überschritt, jubelte er: »Hier bringt mich kein Mensch wieder heraus.« Aber einer war stärker als der ruhebedürftige Wagner, der unruhebedürftige.

Man kann die Geschichte von Tribschen idyllisch beschreiben. Da lag, auf der Spitze einer Halbinsel, die in den Vierwaldstätter See hineinragt, ein dreistöckiges Haus mit Sicht auf Rigi und Pilatus und einem Park, der die Einwohner freundlich vereinsamte. In dieser Künstlerklause, möbliert von der bewährten Wiener Putzmacherin Bertha Goldwag, unter Bäumen, die das Heim Tag und Nacht behüteten, auch wohl auf den Feldwegen ringsum, entstanden *Die Meistersinger* und die Musik zum *Ring*. Selbst die nähere Umgebung wirkte freundlich mit. Eintragungen: »Luzerner Gesellschaft zum Diner«, »Ausflug nach Interlaken: Jungfrau.«

Seine Beschreibung des Tribschener Alltags, die aus dem Jahre 1869 stammt, ist herzerquickend. Morgens, nach kalter Abwaschung, ein bescheidenes Frühstück, ein kurzer Blick in die Zeitung, in die Post. Um zehn geht es ins grüne, »freundliche, trauliche« Arbeitszimmer, ans Pult, an die Partitur: »Diese gewährt mir jedes Mal drei schöne, einzig erfreuende und gehaltvolle Vormittagstunden.« Um eins, von Jakob gerufen, geht er durch die »Galerie«, in der es ein Tannhäuser-Aquarell und sechs kolorierte Fotografien nach Echters *Rheingold* gibt, ins Speisezimmer.

Am Ende der nicht allzu üppigen und kunstvoll zubereiteten Mahlzeit erscheinen die »Herrn Hunde«. Im Salon, der mit Ölbildern geschmückt ist, gibt es Kaffee, Zeitungen und die Nachmittagspost. Nach kurzem Schlaf geht er spazieren, auf seinem Kopf ein drohender Wotanshut, in Begleitung von Ruß und Koß, *Falstaff mit seinen Pagen.* Bei schlechtem Wetter stöbert er in Luzerner Antiquariaten herum und ersteht die Erstausgabe von Schillers *Horen.* Von fünf bis acht arbeitet er an der Partitur, nimmt dann ein leichtes Abendbrot und erhält den »Abendsegen« von Homer oder Shakespeare oder Winckelmann. Man kann die Tage von Tribschen auch so beschreiben.

Und weniger traulich. Wagner sagte oft: »Verweile doch …« und verweilte dann nicht. Wahrscheinlich wurde er in keinem Jahrsechst seines Daseins (selbst nicht in den Jahren der Emigration) so sehr von Stürmen gepeitscht wie in dem Versteck am See. Es gibt keine Dokumente, die auszumachen erlauben, ob die Entstehung von *Meistersinger* und *Ring* ihm mehr oder weniger Qual bescherte als die Arbeit vorher und nachher, mehr oder weniger göttliche Stunden. Was hier vollendet wurde, ist bekannt – aber nicht, wie es vollendet wurde. Auch die bekenntnisfreudigsten Künstler sind sehr einsilbig in den Mitteilungen über das wechselnde Wetter in der abseitigen Werkstatt.

Umso mehr ist bekannt über die Orkane, die vor allem von München her in diese Stille einbrachen. Am Beginn der achtzehn Monate, die er in München durchlebt hatte, war die märchenhafte Einladung des jungen Herrschers gewesen. Am Ende bat ihn der gekrönte Herzensfreund, Bayern zu verlassen. Das war, nachdem das »Asyl« bei den Wesendonks zerronnen war, die zweite Vertreibung aus dem Paradies – das eine Fata Morgana gewesen war; für Rastlose gibt es kein Eden.

Er wollte es – und konnte in ihm nicht leben. Er hätte sich in ein All aus Noten flüchten können; und war kein Eremit, eher die Inkorporation von Schopenhauers Perpetuum mobile, des »Willens«, der nie zur Erfüllung kommt. Im Einzelnen ja, aber das Wollen nahm kein Ende. Er wollte Cosima; doch da waren noch der Gatte Bülow und ihre beiden Mädchen und die offizielle Moral. Er wollte, »ewig hörig«, König Parzival; doch da waren noch sein Kabinett und vor allem der außerordentliche Anspruch, den Ludwig an seinen »Einzigen« stellte. Er wollte Musteraufführungen seiner Musikdramen; doch da waren die zahllosen Feinde, die ihm entgegenarbeiteten. Er wollte (nach 1870) ein bismarcksches Bayern – und das war (unter allen Zielen) vielleicht das hoffnungsloseste. Er wollte und wollte und wollte … Und dann auch noch eine Fee, die ihm alles, was er wollte, aus ihrem Füllhorn spendet.

Betrachtet man den stürmischen Idylliker, eingerahmt vom Schweizer Panorama, mit Barett und wachsender Kinderschar – nicht das Werk, das er hier schuf, sondern den Mann, der nicht in Noten, sondern in hundert Affären verstrickt war–, so muss zunächst das 1964 gängigste Wagner-Bild weggewischt werden. Es ist nicht mehr dasselbe, das Cosimas Bayreuth propagiert hatte: den tönenden Missionar – und genauso halbwahr. Man ist 1964 so aufgeklärt, so liberal. Man feiert das Genie und kommt sich geradezu umstürzlerisch vor, wenn man ihn außerdem noch, so nebenbei, ein Scheusal nennt. Dies Foto ist, obwohl es gar nicht so aussieht, nichts als eine zeitgemäße Vertuschung.

Denn mit seinem (sogenannten) schlechten Charakter soll verdeckt werden, was, von heute gesehen, viel wesentlicher ist: die heillose Rolle, die er auf dem Weg zu *Mein Kampf* gespielt hat. Um das unter allen Umständen zu bemänteln (und da sind Wagnerianer und Antis zwar nicht ein Herz und eine Seele, aber doch ein einziger Nebelmacher), zeichnet man lieber einen Ausbund von schlechtem *behaviour;* denn dagegen gibt es das königliche Argument: Das gewaltige Werk sühnte den gar nicht gewaltigen Mitmenschen. So ist die ungelüftete Entrüstung über die Untreue des Mannes und Liebhabers, über den Betrug an Freunden nur eine Ablenkung von dem unabsehbaren Schaden, den er und die Seinen mit der Propagierung jener Lehren angerichtet haben, die dann, genau fünfzig Jahre nach seinem Tode, in Blüte standen.

Im idyllischen Tribschen wurde auch gesät, was später schrecklich aufging. 1866 heißt es in den *Annalen,* die aus Stichworten bestehen: »Krieg (nützlich für Tribschen).« 1869 wurde *Das Judentum in der Musik,* anderthalb Jahrzehnte zuvor anonym erschienen, mit dem Namen des Verfassers und einem fanfarenhaften Vorwort, gerichtet an die Gräfin Nesselrode, abermals herausgebracht. Er schreibt jetzt: Nur ein einziges Mal sei es ihm gut ergangen, in Petersburg und Moskau, unter dem Schutz des judenfreien Zaren. In Tribschen entstand die chauvinistische *Deutsche Kunst und deutsche Politik* und, 1871, das dialogisierte Pamphlet *Die Kapitulation,* eine Verhöhnung des besiegten Frankreich. Und von Tribschen aus schrieb er an die französischen Freunde Catulle Mendes und Judith Gautier: Es wäre gut, wenn »ihre Riesenhauptstadt in Trümmer sänke«. Das war nicht Kriegspsychose; zwanzig Jahre zuvor wollte er schon Paris in Trümmern. Auch dieser Wagner lebte im stillen Haus am See.

Um zu verschleiern, welche enorme Rolle der politische Wagnerismus gespielt hat – infolge der Propaganda des Großbetriebs Bayreuth–, zieht man es vor, über den Liebhaber verheirateter Frauen, über den treulosen Freund eines guten Königs zu moralisieren. Die Gerechtigkeit erfordert, dass man ihn gegen diese Entrüster in Schutz nimmt.

Seine Beziehungen zu Cosima hat er lange Zeit dem Gatten verschleiert. Vielleicht nicht auch aus Dankbarkeit? Auch aus Mitleid? Und er hätte dem König wirklich nicht zumuten können, was in Tribschen vorging. Die Frauen sind »so langweilig«, meinte der Monarch. Als er sich damals verlobte, teilte er der Braut brieflich mit, sie beide verbinde vor allem die gemeinsame Liebe zu Wagner. Und fragte, nach der Lektüre des *Parsifal:* »Warum wird unser Held durch den Kuss eines Weibes belehrt?« Der Schöpfer Kundrys antwortete: »Das ist ein furchtbares Geheimnis.« Der König hatte seinen Moralkodex ganz und gar auf die allerhöchsten Bedürfnisse zugeschnitten; und schließlich wollte Ludwig Quatorze (wie man ihn nannte), ein introvertierter Sonnenkönig, den Meister exklusiv für sich. Wie hätte Wagner es wagen können, diesem romantischen Despoten die Wahrheit zu sagen? Nur war er ein schlechter Taktiker; er leugnete die Tatsachen noch, als sie bereits offenbar waren.

Hässlich waren nicht die Liebe zu einer Frau, die (juristisch) nicht frei war, und nicht die Täuschung eines Königs, der sie erzwang. Hässlich war, dass Wagner diesen armen Mann immer tiefer in seinen Wahn hineinstieß. Sogar telegrafisch:

> Geboren ist ein Heiland Deutschlands Söhnen;
> Er feiert heut sein zwanzigst Ehrenjahr.

Einen Heiland darf man niemals täuschen.

Und Wagner, der für sein Leben jede Nachsicht in Anspruch nahm, war von menschenfeindlichster Intoleranz: ein Kreuzzügler gegen Welsche, Katholiken, Juden, vivisezierende Gelehrte, ein eifernder Kriegsgott, der schon am *Mythos des zwanzigsten Jahrhunderts* wob. Mit Recht wurde er dann 1933 als der große Kronzeuge gefeiert; denn die Seinen, die man vergeblich von ihm zu trennen suchte, waren der stärkste Chor im Lärm der Chauvinisten, die schließlich zuerst Deutschland und dann Europa unterjochten. Es war das politische Leitbild Richard Wagners, das in den Tribschener Jahren zu wirken begann. Die antisemitische Hetze rührte eine Literatur von einhundertsiebzig Druckschriften auf.

Doch gab es mindestens die eine Idylle (vom Familiären wissen wir recht wenig – außer einem gelegentlichen »Kinder ohne die Mutter unerfreulich«): Die Hauptperson war hier Friedrich Nietzsche, Professor für klassische Philologie. Es war nicht weit von Basel zum Paradies bei Luzern. Den Räuberweg entlang, dicht am See, spazieren zwei Paare. An der Seite des jungen Professors wandelt Cosima, in rosa Kaschmir; breite Spitzen fallen hinab bis zum Saum des Kleides, am Arm hängt der große Florentiner mit einem Kranz von rosa Rosen.

Würdig und schwerfällig stelzt Ruß hinterdrein, der riesige, kohlschwarze Neufundländer. Dann folgen Elisabeth, Friedrichs Schwester, und der Meister im niederländischen Malerkostüm: schwarzer Samtrock, schwarze Kniehose aus Atlas, schwarzseidene Strümpfe; die lichtblaue Krawatte, reich gefältelt, ist von Spitzen umrahmt. Cosima gibt ihrem Ritter Weihnachtsaufträge nach Basel mit: Haushaltsachen und Antiquitäten, Puppen und anderes Spielzeug. Evchen sagt dann auch »guter Herr Fressor«, und die ältere Isolde korrigiert: »Professor, nicht Fressor – er fresst ja niemand.«

Am 8. November 1868 hatte Wagner in Leipzig Nietzsche getroffen; Wagner war fünfundfünfzig, Nietzsche vierundzwanzig. Zwei Jahre zuvor hatte er über die *Walküre* einem Freund geschrieben, dass seine »Empfindungen sehr gemischt sind«: »Die großen Schönheiten und virtutes werden durch ebenso große Hässlichkeiten und Mängel aufgehoben.« Nun wurde Wagner für ihn *der* Künstler. In kurzer, aber sehr glücklicher Zeit.

Auch *der* Künstler schwelgte in der neuen Freundschaft. »Mein Nietzsche«, pflegte er zu sagen. Der kleine »Pastor«, sein größter Herold, war »ein Bote aus einer besseren und reineren Welt«; und außerdem noch die wertvollste Akquisition der Wagner-Partei. »Meine Freunde, die beiden Universitätsprofessoren«, stellte er Nietzsche und seinen Kollegen Rohde vor.

Für Cosima war der Professor Student Anselmus (nach E.T.A. Hoffmanns *Goldener Topf*), Wagner der zaubernde Archivarius und sie selbst die *Feuerlilie*, des Studenten Muse. Und so schließt sie einen Brief: »Es grüßen den Studenten Anselmus der Archivarius Lindhorst und die Feuerlilie.« So wurde Tribschen zur »Geisterinsel«. Wir wissen viel von den bösen Geistern, die auf ihr hausten. Die *Annalen* notieren: »Heftigkeit: Verwirrung. Leidenschaftliche Missverständnisse. Äußerste Spannung.« An einem andern Tag: »Todesnähe.« An einem dritten Tag: »Viel Todesfälle. Sterberegister angelegt« …

Wir wissen viel weniger von den guten Geistern, die hier hausten. Hegel sagte: Die Stunden des Glücks sind leere Seiten in der Weltgeschichte. So sind vor allem dokumentiert die Hurrikane, die über die Geburtsstätte der Gegenwarts- und Zukunftsmusik hinfegten. Der beste Geist, der aktenmäßig vermerkt worden ist, war Nietzsche: ein »Parsifal«, bevor er wissend wurde.

Föhnsturm über dem »Weg der Schweiz«

Franz Hohler

Ein Mädchen und ich sind die einzigen Passagiere auf dem Schiff nach Treib, und auch die Einzigen, die sich mit der Drahtseilbahn nach Seelisberg hinaufziehen lassen.

Das Sonnenlicht ist augenerschreckend. Neben der Bergstation ist in einer Wiese das Zwiebeldach des Kirchturms aufgebahrt.

Nebelfetzen werden vom See heraufgetrieben. Eine Bö reißt mir die Mütze vom Kopf, ich renne hinter ihr her und erwische sie wieder.

Vorbei am alten Glanz-und-Gloria-Hotel Sonnenberg, heute Zentrum für transzendentale Meditation; wenig später beginnt der Vaterunserweg, mit Stationen zu jeder Bitte.

Ein Dröhnen ist allgegenwärtig, es ist weder Fluglärm noch ist es die Autobahn, sondern es ist der Föhn. Auf dem freien Feld hinter dem Dorf greift er mich an. Umwerfen will er mich, am Fortkommen hindern, ich will von Nord nach Süd, er von Süd nach Nord. Aus tiefblauem Himmel fällt er über mich her, dass ich quer über die Straße taumle. Oben am Gipfel des Niederbauen bläst er Zirren in die Luft wie ein Raucher seine Ringe.

Die Marienhöhe, ein Aussichtspunkt. Weit unter mir das Rütli, die rote Schweizer Fahne leuchtet bis hier hinauf. Am

Fuß der Felswand breitet eine Krähe ihre Flügel aus und wird in Sekunden bis zu mir hochgehoben. Würde ich mit meinen Armen dasselbe tun, gelänge mir vielleicht eine Levitation. Der Urnersee trägt Föhnschmuck, lauter weiße Schaumflecken.

Der Föhn singt mehrstimmig. Wenn er in die Baumkronen fährt, rauscht er. Wenn er sich an Felsen und Häusern reibt, heult er; dazu vibrieren die Baumstämme wie tiefe Glockentöne. Drähte scheppern gegen Fahnenstangen, Weidenzäune sirren, Blechteile klappern. Dürre Blätter werden wie Spatzenschwärme durch die Luft gewirbelt.

Auf den See marschiere ich zu, der unter mir liegt. Vom andern Ufer her werden Gischtvorhänge quer über den Wasserspiegel geschoben.

Unten dann das Dorf, Bauen, mit südlichen Palmen und Feigenbäumen, die Kirche steht gleich am Ufer. Auf dem Friedhof eine Büste von Pater Alberik Zwyssig, dem Komponisten des Schweizer Psalms *Trittst im Morgenrot daher,* der seit etwa vierzig Jahren unsere Nationalhymne ist. Ich erzähle Zwyssig, dass gestern zum ersten Mal in der Geschichte des Parlaments zu Beginn der Wintersession auf Geheiß des neuen Präsidenten die Nationalhymne gesungen wurde und dass die wenigsten den genauen Text kannten, alle aber seine Melodie. Zwyssig lächelt sein bronzenes Lächeln, und die Brandung des Bergmeeres schlägt hoch über die Friedhofmauern, oder wie es in der letzten Strophe der Hymne heißt, »Fährst im wilden Sturm daher«.

Als Tunnel in den Fels gehauen die Autostraße, die Bauen mit der Welt verbindet, in den Fels gehauen auch der Fußgängertunnel, immer wieder Galerieausblicke auf den See, von Kunstwerken verstellt, man ist hier auf dem »Weg der Schweiz«, welcher zum 700-jährigen Jubiläum der Eidgenossenschaft eingerichtet wurde. In Isleten dann ein Uferstück, an dem die Surfer ihre Segelbretter zusammenschrauben und die Neoprenanzüge überstreifen, drei von ihnen tummeln sich draußen im hohen Wellengang, kentern von Zeit zu Zeit, richten sich aber immer wieder auf. In der Mitte des Sees bildet sich auf einmal eine Windhose und wirbelt in kapriziösen Bewegungen auf das Ufer zu, bis sie an den Felsen zerstiebt. Die Melodie, die ich schon seit längerer Zeit summe, ist, wie ich erst jetzt merke, die Nationalhymne.

Flüelen liegt nah wie eine Fata Morgana auf der andern Seeseite, der Wegweiser prophezeit aber noch zwei Stunden. Nun stimmt die Autobahn in den Föhnchor mit ein, kontrapunktisch, aber unermüdlich, sie kommt hier aus dem großen Tunnel heraus, und ihre enormen Brückenpfeiler überschatten den Schweizer Weg.

Gleich hinter den wogenden Schilffeldern im Reussdelta der Damm, auf dem die Transportarmeen johlend und grölend durchziehen.

Die kleine Windgälle schaut verwundert zu mir herunter, und zuhinterst im Tal erhebt sich der Bristen, der verschneite Riese. Er hat sich einen Wolkenmantel umgehängt, als müsste er die Büchse der Pandora verbergen, aus der er ohne Unterlass seine donnernden Fallwinde ins Tal hinunterschüttelt.

SVP-Wallfahrt aufs Rütli

Margrit Sprecher

Irgendwie hatten sie sich den Aufstieg anders vorgestellt. Nicht so steil – schon nach der zweiten Kehre kleben die nass geschwitzten Hemden auf der Haut. Und feierlicher. Ständig hetzen ausländische Touristengruppen an ihnen vorbei, überholen sie links und rechts, jagen Abkürzungen hinauf und wieder hinunter. Fitnessparcours statt Pilgerweg. Zudem tragen die Ausländer mehr Schweizer Kreuze auf Leibchen und Mützen als die Aargauer. Mindern das hehre Symbol zum bloßen Gag herab, am Kiosk wie einen Schokoriegel gekauft.

Erst hatten sich die Aargauer über das Ausflugsziel ihres Präsidenten gewundert: Aufs Rütli gehen doch nur Schulklassen. Dann stellte sich – zu ihrer eigenen Überraschung – heraus, dass die wenigsten schon dort waren. Und jetzt, einmal oben, sind alle froh, da zu sein. So viele schön gezackte Berge, so viel blauer See. Und auf der grünen Wiese ein Apéro-Buffet. Die Erlaubnis dazu, sagt der Organisator, hatte er nur dank Beziehungen bekommen. Denn heute darf sich eine patriotisch-politische Gruppe nicht mehr auf dem Rütli versammeln. Dafür werden die Asylantengruppen, zwecks Integration, in Scharen an den hehrsten Ort der Schweizer getrieben.

»Wer jetzt lieber jassen als zuhören möchte, kann dort in die Beiz gehen«, sagt der Präsident und deutet zum Restaurant hinunter. Er weiß aus Erfahrung, dass man die Aufmerksamkeit seiner Leute nicht länger als zehn Minuten strapazieren darf. Er hat es ja selbst so. Doch es bleiben alle. Denn der Berner Historiker erzählt griffig und überraschend: Die Schweiz ist »das einzige Land von der Beringstraße bis zum Atlantik«, das an jedem Tag im 20. Jahrhundert eine Demokratie war. Und die Aargauer stehen hier auf eigenem Grund und Boden, weil das Schweizer Volk die Rütliwiese 1859 gekauft hat. Dann sagt er: »Die Heimat zählt auf euch«, und tritt rasch und bescheiden ins Glied zurück.

Der Applaus ist stürmisch. Danach liegt stiller Glanz auf den Gesichtern. Wie gering scheinen jetzt die eigenen der SVP gebrachten Opfer … Der Besitzer eines Rheinfelder Bettenstudios hat nach seinem Parteieintritt etliche Kunden verloren. Und die Gründerin der SVP-Ortspartei Zufikon erlebte, dass gute Bekannte plötzlich die Straßenseite wechselten. »Blocher ist eben pfui«, sagt sie, ohne zu lächeln.

Nach einer halben Stunde verteilt der Präsident den vervielfältigten Schweizer Psalm. Beim Singen hält ein Vater den Blick auf den fernen, schneebedeckten Horizont gerichtet; seine Hände ruhen auf den Schultern seiner beiden Kinder – ganz patriotisches Standbild. Als der letzte Ton verklungen ist, sagt er zu einem unsichtbaren Feind: »Wir sind zu viert.« Ein anderer murmelt: »Eins zu null.« Still sammeln die Frauen die Plastikbecher ein.

Beflügelt vom Bier und Weißwein, entern die Parteimitglieder das Schiff am Landesteg wie Hooligans nach dem siegreichen Match. Die kalten Platten im reservierten und festlich weiß gedeckten »Salon bleu« leeren sich zügig, die Flaschen auch. Obwohl überall »Rauchverbot« steht, stecken sich die Männer dicke Zigarren ins Gesicht. Es rauchen so viele, dass die Schiffsbesatzung lieber schweigt.

Eins-a-Schweizer-Gegend zieht an den Fenstern vorbei;

wie an Seilen gezogene Kulissen schieben sich die schwarzen Waldwände heran und weichen wieder zurück. Zuverlässig arbeitet sich das Schiff durch den See; an den Anlegestellen stauen sich die Touristen. Zufrieden, als hätten sie die Landschaft persönlich arrangiert, lehnen zwei Rütli-Pilger an der Reling. Ja, so schön ist die Schweiz, und sie gehört uns. Dann beugen sie ihre Köpfe, die Zigarre zwischen den Zähnen, andächtig übers Wasser, das rasch und schwarz vorbeizieht. Schließlich sagt der eine: »Der See ist so sauber. Wenn ich da hineinbrunze, würden die Fische verrecken.«

Rütli-Rede am 1. August 2009

Peter von Matt

Es ist schön hier. Das wird man doch wohl noch sagen dürfen. Für viele ist dieses Rütli ein Stück nationales Gerümpel. Man erklärt es zu einem Symbol historischer Verblendung, einem Phantom, einer kollektiven Einbildung. Aber jetzt stehen wir da auf dieser Wiese mit unseren leibhaftigen Füßen, und wer ein wohlgeratenes Herz in der Brust hat, muss sagen: Es ist schön hier.

Man sieht dem Ort noch an, dass er einst aus dem Wald herausgehauen wurde. Gerodet. Gereutet. Deshalb heißt er Kleines Gereut, Grüt, Rütli. Der Berg mit der schroffen Felsenstirn, der Niederbauen, steht über ihm wie seit je. Steinböcke klettern langsam durch seine Schrunden, und an heiteren Tagen ist er umtanzt von Gleitschirmfliegern. Durch die Bäume glitzert der See, der auch kein Phantom ist, und vis-à-vis hockt der bucklige Fronalpstock und studiert nachdenklich das Treiben der Schwyzer. Es ist schön hier.

Hinter uns aber, tief in diesem Berg drin, tobt die Hölle. Da donnern die Eurolaster durch den Tunnel. 40-Tönner. Bald vielleicht 60-Tönner. Da dröhnt Tag und Nacht die Autobahn Hamburg–Rom. Der Fehlgriff einer Sekunde kann ein Flammenmeer auslösen, in dem die Menschen verbrennen und verkohlen. Hier hinter uns rast ganz Europa vorbei: die

Holländer mit ihren schaukelnden Wohnwagen, die sonnenhungrigen Schweden und die Deutschen, denen es in den Füßen zuckt, unsere Geschwindigkeitsgrenzen zu überschreiten. Alle Völker des Kontinents zischen durch die steinerne Nacht. Hier, wo wir stehen, scheint die Zeit zu ruhen, im Berg drin aber wird ihre Beschleunigung, wird das Voranstürzen der Zivilisation zu immer neuen Triumphen, zu immer hässlicheren Katastrophen ein betäubendes Ereignis.

Ist das da hinten nicht die Wahrheit unserer Welt und das hier vorn eben doch nur eine Illusion? Ist es vielleicht sogar bezeichnend für uns, dass wir die Wahrheit vergraben und am Sonnenlicht den schönen Schein hätscheln? Ist dieses Rütli also ein Zeichen für die Neigung der Schweiz zu Scheuklappen und rosaroten Brillen? Scheuklappen gibt es bei uns tatsächlich, und Brillen in allen Farben auch. Desgleichen gibt es bedeutende Vorräte von Sand, den man andern Leuten in die Augen streuen kann. Aber was das Rütli betrifft, müssen wir vorsichtig sein. Warum?

Wir sind in den letzten Jahrzehnten im Verhältnis zu unserer Geschichte in eine Falle geraten. Diese Falle heißt: Mythos oder Wahrheit? In den Medien ist das zur fixen Formel geworden. Der Rütlischwur – Mythos oder Wahrheit? Die Hohle Gasse – Mythos oder Wahrheit? Morgarten – Mythos oder Wahrheit? Der Mord von Greifensee – Mythos oder Wahrheit? Das Stanser Verkommnis – Mythos oder Wahrheit? Die Kappeler Milchsuppe – Mythos oder Wahrheit? Der Schultheiß Wengi von Solothurn – Mythos oder Wahrheit? Der Waadtländer Major Davel – Mythos oder Wahrheit? Und so weiter. Bis hin zum Rütlirapport unter General Guisan – Mythos oder Wahrheit? Und alle, die diese Frage stellen, wissen die Antwort stets im Voraus. Sie rufen: »Mythos! Mythos!«, meinen damit Lügen und Märchen und kommen sich unerhört aufgeklärt vor.

So einfach ist es aber nicht. Wer die Geschichte vom Rütlischwur für die blanke historische Wahrheit hält, ist nicht das naivere Gemüt als der, der mit ebenso glänzenden Augen »Mythos! Mythos!« ruft. Für jede Nation verdichtet sich ihre historische Herkunft in erregenden Geschichten, die man erzählt bekommt und weitererzählt. Schon die Kinder berichten sie einander und erleben dabei erstmals ein Gefühl von Politik. Diese Geschichten haben eine eminente Funktion. Denn sie sind in ihrem Wesen politische Verhaltensanweisungen. Sie reden vom richtigen und vom falschen Handeln. In ihnen erscheint elementar der politische Wille dieses Landes. Die Geschichte von Wilhelm Tell haben wir zwar aus Dänemark bezogen, aus dem gleichen Buch, aus dem William Shakespeare die Geschichte vom Prinzen Hamlet bezogen hat.

Aber bei uns bekam das Killermärchen eine Sendung. Es teilte dem Volk eine politische Wahrheit mit. Sie lautet: Der Gehorsam im Staat hat seine Grenzen. Untertanengeist darf nie überhandnehmen. Und keine Situation ist so schlimm, dass man nicht doch noch etwas unternehmen kann. Dies aber geschieht immer auf doppelte Weise: durch Einzelne und gemeinsam. Ohne den Eigensinn des Einzelnen wird die Gemeinschaft zur Herde. Ohne das Zusammenspannen mit den andern wird der Einzelne zum Eigenbrötler.

So also müssen wir diese überlieferten Erzählungen verstehen: als bildkräftige Formulierungen des politischen Willens, der die Eidgenossenschaft früh geprägt und sie mit viel Glück und einigen blauen Augen hat überleben lassen. Die Heldengeschichten der alten Römer, die das direkte Vorbild waren für unser nationales Geschichtenerzählen, werden von den Rechtshistorikern längst als Verkörperungen des römischen Staatsdenkens studiert. Dort ist die Frage »Mythos oder Wahrheit?« so überlebt wie eine Postkutsche. Bei uns aber fahren die Postkutschen weiterhin mit viel Lärm herum.

Diese Geschichten veralten auch nicht. Denn sie machen in jeder weltpolitischen Situation wieder andere Grundsätze des politischen Handelns sichtbar. Am Rütlischwur kann man zum Beispiel ablesen, dass wir in der Schweiz keinen Häuptling brauchen und keinen wollen und dass jeder, der sich zum Häuptling aufwerfen will, eines Tages auf dem dafür vorgesehenen Körperteil landet.

Und am Stanser Verkommnis lässt sich die politische Versöhnung studieren, der zähneknirschende Kompromiss nach verbaler Prügelei, ohne den die Schweiz längst bachab gegangen wäre. Krach scheint immer großartiger als Versöhnung. Aber Krach ist auch kindisch, und Versöhnung ist die ernste Arbeit von Erwachsenen.

Oder nehmen wir die Geschichte vom Teufel, der den Urnern die Schöllenenbrücke gebaut hat und dann von ihnen übers Ohr gehauen wurde: Das ist gewiss ein Märchen, aber auch in ihm steckt politische Weisheit. Sie lautet: Erfolgreiche Politik setzt auch Schlauheit und Berechnung voraus, selbst auf die Gefahr hin, dass die Weste nicht ganz sauber bleibt. Durch die sture Parole »Mythos oder Wahrheit?« sind viele markante Überlieferungen aus dem Bewusstsein des Volkes vertrieben worden, deren politischer Gehalt wichtig wäre für das Nachdenken über das Land. Unsere Erinnerungskultur ist beschädigt.

Dieses Rütli hier hat seine Bedeutung weit über die Frage hinaus, was genau da einmal geschehen oder nicht geschehen oder vielleicht irgendwie geschehen ist, und seine Bedeutung hat auch der donnernde, stinkende Tunnel im Berg, dessen Abgase noch den Steinböcken am Niederbauen um die Nasen blasen. Das Rütli und der Tunnel, das sind zwei zeichenhafte Wirklichkeiten der Schweiz. Beide wollen mitbedacht sein, wenn es gilt, den Standort unseres Landes in der modernen Zivilisation zu bestimmen.

Das Rütli steht für den Willen zum Zusammengehören und Zusammenbleiben in der Eidgenossenschaft. Der Tunnel steht für die ebenso starke Lust, über die Grenzen des Landes auszuschwärmen und mitzuspielen im Spiel der europäischen Mächte. So wie man heute von Global Players spricht, kann man die Schweizer, seit es sie gibt, Continental Players nennen. Sie haben sich nie als Murmeltiere verstanden, die sich in den Bergen vergraben. Seit die Römer ein Verkehrsnetz über den europäischen Kontinent spannten, führten internationale Routen durch das Gebiet der heutigen Schweiz.

Die Bündner Pässe, die Walliser Pässe, später der Gotthard waren Handelswege, mit denen die Einheimischen Geschäfte machten, indem sie den Transport schützten und organisierten, und über die sie selbst immer wieder auszogen, in die Lombardei, nach Piemont, bald um des einträglichen Handels, bald um der blutigen Händel willen. Man wusste sich verknüpft mit der Welt, die Berner mit Burgund und Frankreich, die Zürcher und Basler mit Süddeutschland und dem Elsass, die Innerschweizer und die Bündner mit Italien. Und jahrhundertelang verkauften die Eidgenossen ihre jungen Männer zu Tausenden an die fremden Könige, damit sie deren Kriege führten, für sie töteten und getötet wurden. Die jungen Männer waren die Bodenschätze der Schweiz. Wer überlebte, kehrte zurück und hatte etwas zu erzählen.

Auszug und Heimkehr war seit je die Schweizer Existenzformel. Von den Bergen her definierte man sich nämlich erst, als der Tourismus aufkam und mit den Bildern vom einfachen Bergvolk ein interessantes Geschäft zu machen war. Jetzt wurde es wirtschaftlich einträglich, den Europäern ein Volk vorzuspielen, das unter Gletschern wohnt, niemanden stört, nicht gestört werden will und beim Melken seiner Kühe leise vor sich hin jodelt. In Wahrheit war das nur eine neue Form der kontinentalen Vernetzung. Continental Players waren die Eidgenossen immer, selbst wenn sie mit der Zeit selber glaubten, das zu sein, was sie dem reisenden Europa vorgaukelten.

Ähnlich war es mit dem Geldverkehr. Basel und Genf waren schon früh Bankenplätze und standen in Verbindung mit allen Finanzzentren der Welt. Aber auch die übrigen Städte spielten mit. Bern galt zur Zeit der Alten Eidgenossenschaft als einer der reichsten europäischen Staaten überhaupt. Selbst Goethe, der gewaltige deutsche Dichter, reiste mit seinem Dienstherrn, dem Herzog Karl August von Sachsen-Weimar, nach der Aarestadt, um hier Geld aufzunehmen. Sie trugen die damals mächtige Summe von fünfzigtausend Talern nach Hause. So hat die Schweiz auch die deutsche Klassik mitfinanziert, und diese hat es ihr später mit Schillers *Wilhelm Tell* gedankt. Gerade dieses Theaterstück aber hat die Vorstellung von der abgeschlossenen, selbstgenügsamen Schweiz definitiv zementiert.

Auszug und Heimkehr ist die Schweizer Existenzformel. Die Schweizer Wirtschaft weiß sehr genau, was das heißt, und die Schweizer Banken wussten es bis vor zehn Jahren auch noch. Dann haben sie es vergessen. Jetzt lernen sie es wieder. Der Kurs ist ziemlich teuer. Auch in der Schweizer Kunst, in der Schweizer Literatur, in der Schweizer Fotografie und der Schweizer Architektur spiegelt sich die Existenzformel. Auszug und Heimkehr meint nicht nur das einmalige biografische Ereignis, sondern eine Form der vitalen Verbundenheit mit der Welt, insbesondere dem europäischen Kontinent.

Mit diesem Kontinent sind wir pulsierend vernetzt, so wie das Herz mit allen andern Organen eines Körpers vernetzt ist. Der Tunnel hier hinten im Berg, durch den die Eurolaster donnern und die klimatisierten Riesenbusse brummen, ist ein Beispiel dieser Verknüpfung. Wir haben den Tunnel für uns gebaut, aber auch für Europa, in der Verantwortung für die

Schweiz, aber auch in der Verantwortung für den Kontinent. Das gilt auch von der Neat. Unsere Praxis ist hier unserer politischen Theorie voraus.

Der Kontinent, von dem ich rede und auf dem wir alle wohnen, war tausend Jahre lang ein einziges Schlachtfeld. Jede Großmacht versuchte, ihr Gebiet zu erweitern und die Erweiterung der andern zu verhindern. Dazu gab es nur zwei Mittel, das Hochzeitsbett und den Krieg. Über geeignete Prinzessinnen konnte man sich ganze Länder erheiraten. Dagegen mussten die andern dann wieder in den Krieg ziehen. Die Zeugungsfähigkeit der Könige war so wichtig wie ihre Artillerie. So bekümmert, wie sie in die Schlacht zogen, bestiegen die hohen Herrschaften auch ihr eheliches Lager.

Europäisches Gleichgewicht lautete das politische Zauberwort seit der frühen Neuzeit, Balance of Power. Verschob sich das Gleichgewicht durch eine Heirat zugunsten der einen Macht, musste dies sofort durch schwere Schlachten wieder korrigiert werden. Unentwegt wurden Länder aufgeteilt und neu zusammengesetzt. Viele verschwanden auf immer von der politischen Landkarte, andere, wie etwa Polen, tauchten nach einem Jahrhundert wieder auf. Keine Grenze war gesichert. Jeder Krieg und jedes Hochzeitsbett konnte sie verschieben. Die Schweiz hielt sich geschickt im toten Punkt dieser europäischen Machtspiele auf. Sie bewachte die Pässe und ließ jeden passieren. Das war im Interesse der Großmächte, und dafür brauchte man die Schweiz, dafür wollte man ihre Neutralität. Man hätte das Land auf dem Wiener Kongress auch auflösen können, wie es schon Napoleons Generäle ihrem Chef empfohlen hatten und wie es wenig später mit der Freien Republik Gersau hier an diesem See geschah, die ohne Rücksicht auf alte Rechte liquidiert und den Schwyzern in die offene Tasche gesteckt wurde.

Ohne ihre präzise Funktion im blutigen Dauerspiel um das

europäische Gleichgewicht ist die Schweiz nicht zu verstehen. Sie verdankt ihre Existenz ebenso sehr dem Willen Europas wie dem eigenen. Den Großmächten ersparte sie einen chronischen Krieg um die Alpenübergänge, und mit sicherem politischem Instinkt hielt und hält sie diese Übergänge bis heute auf dem technologisch höchsten Niveau. Zu den Wundern der Schweiz gehört, dass ihr politischer Instinkt stets zielsicherer war als ihr politischer Verstand. Der politische Verstand hat zu den vielen hässlichen Bürgerkriegen geführt, der politische Instinkt aber hat eine Kompromiss- und Versöhnungskultur entwickelt, die heute so beispielhaft ist wie je. Wir waren nie die Siebensiechen der Weltgeschichte, wie uns einige Leute einreden möchten, aber wir dürfen uns zeigen unter den Nationen und an den eigenen Leistungen auch unsere Freude haben.

Ich bin 1937 geboren. Als ich ein Kind war, ging es wieder los auf dem gequälten Kontinent. Nur standen jetzt keine Hochzeitsbetten mehr zur Debatte, es zählten allein die Panzer und Bomben – bis Europa in Trümmern lag. Doch am Ende dieses Zweiten Weltkriegs war nun zum ersten Mal nicht mehr vom europäischen Gleichgewicht die Rede. Die Balance of Power hatte sich ins Weltweite verschoben. Man nannte das den Kalten Krieg. Unter seinem prekären Schutz konnte das westliche Europa erstmals darangehen, den Teufelskreis des gegenseitigen Niedermetzelns zu durchbrechen. Aus dem ewigen Schlachtfeld wurde ein Labor der Demokratie.

Ein Labor der Demokratie war auch die Schweiz einmal, nachdem Napoleon die wurmstichige Alte Eidgenossenschaft vom Tisch gefegt hatte. Es war mühsam. Ein halbes Jahrhundert dauerte es, mit vielen Putschen und Kleinkriegen, bis wir ein einigermaßen moderner Staat waren. Diesen Weg sucht und geht Europa heute. Auch er ist mühsam. Es gibt Leute, die sich darüber lustig machen.

Aber gerade wir in der Schweiz haben keinen Grund dazu. Die Schweiz ist unsere Heimat, aber die Heimat der Schweiz ist Europa, dieses Europa, dessen Großmächte seit mehr als einem halben Jahrhundert keinen Krieg mehr gegeneinander geführt haben. Das gab es überhaupt noch nie in der Geschichte. Wir sind die ersten Menschen, die das erleben dürfen. Es ist die gewaltigere Leistung als der Bau der Pyramiden oder der Flug auf den Mond. Wer nicht begreift, dass dieser Frieden auch der unsrige ist, hat einen armen Kopf und eine dürre Seele.

Das heißt, dass die Verantwortung für unser Land, die jede Bürgerin und jeder Bürger der Schweiz mitträgt, stets auch eine Verantwortung für den Kontinent ist. Wie immer wir uns zu dem politischen Europa von heute stellen – und es gibt da in guten Treuen unterschiedliche Konzepte –, unsere Haltung muss von brüderlicher Sympathie zum großen Experiment getragen sein. Nur vier Flugstunden von uns herrscht Krieg. Wer Kinder und Enkel hat, kann daran nicht nur mit einem Schulterzucken denken. Jeder Krieg ist ansteckend. Er frisst sich durch die Welt. Wenn wir vom Frieden im heutigen Europa profitieren, haben wir an ihm auch mitzuarbeiten. In Freiheit. Denn Freiheit ist kein Zustand, sondern eine Tätigkeit.

Lokaltermin mit Schillers Drehbuch

Urs Widmer

Hohle Gasse. 18. Oktober 2003. Kalt, Hochnebel.
Die Hohle Gasse, tatsächlich ein Hohlweg, führt, wenn wir den Weg Gesslers gehen, leicht bergab. Mittelalterlich wirkende, große Steine als Pflästerung. Rechts und links nicht allzu hohe Steinmauern. Bäume. Kein Mensch ist zu sehen. Da auch andere Wege nach Küssnacht führen, ist die Hohle Gasse kein echter Verkehrsweg. Sie ist jedoch nicht allzu herausgeputzt. Sie ist ein glaubhaft alter Weg.

Altdorf. 17. Oktober 2003. Frisch, Sonne.
Altdorf ist ein hübsches Städtchen, dessen Kernstraßen und -gassen mittelalterlich wirken, obwohl die Häuser allesamt (es ist auf jedem alten Haus neu vermerkt) 1799 abgebrannt sind. (Der Feuerwächter Alban soll den Brand selber ausgelöst haben, weil der Föhnsturm ihm die Glut aus der Pfeife blies.) Jähe Felswände um Altdorf herum; man muss den Kopf in den Nacken legen, wenn man den Himmel sehen will. Die Passanten, viele, sind heiter und fröhlich, obwohl sie den Blick nach unten gerichtet halten. Das Telldenkmal: eine Wucht. Tell und sein Sohn. Sogar die Tellen-Sandalen (in meiner Jugend Heilandslatschen genannt) sind authentisch in Bronze gegossen. »Erzählen wird man von dem Schützen Tell«, steht auf dem

Sockel, »so lang die Berge stehn auf ihrem Grunde.« Der Permafrost und das Zusammenbröseln des (gottlob recht fernen) Matterhorns sind vielleicht erste Vorboten des Vergessens. Aber noch wird von Tell erzählt. – Irgendwo steht auch das Datum der Gründung der Eidgenossenschaft: 1308. – Auch ein paar Banken, Kioske und Drogerien.

Bürglen. 17. Oktober 2003. Frisch, Sonne.
Bürglen liegt am Berg, hier schießen einem die Fluhen vor der Nase in die Höhe. Es gibt kaum ebene Wege. Von Bürglen aus muss – in jenem 1799 – das brennende Altdorf, sehr nah darunter, wie ein Höllenchaos ausgesehen haben, und der Rauch hüllte das Dorf ein und brachte die verängstigten Bewohner zum Husten. Bürglen brannte aber nicht ab, und eine Inschrift deutet an, der Brand von Altdorf habe Bürglen vor den Franzosen bewahrt. Sozusagen jedes Haus ist ein Chalet. Wer hier den Kopf hebt, sieht den Himmel immer noch nicht, sondern die steilen Hänge, an denen ein paar bescheidene Häuser kleben, wenige nur, von denen eines – ich meine, ein ähnliches – die Heimat Wilhelm Tells gewesen sein könnte, und Hedwigs und Walters und Wilhelm juniors. Das wird aber nirgendwo behauptet, keinerlei folkloristische Inszenierung. Das kleine Tell-Museum geschlossen. Kaum Menschen, es ist, trotz der schönen Sonne, zu frisch.

Tellsplatte. 17. Oktober 2003. Kühl, Abendlicht.
Die Tellsplatte liegt recht tief unter der Axenstraße – und einem menschenleeren Hotel mit dem Charme der Fünfzigerjahre – und ist nicht gerade eine Platte, aber ein niederes Ufer, weit und breit die einzige Stelle auf dieser Seeseite, an der ein Schiffer irgendwie an Land gelangen könnte. (Das tun die Schiffe heute auch. Jetzt, gegen Abend, bringen sie niemanden. Die Anlegestelle ist flach, wie ein kleiner Strand.) Auch

so ist der Hang über der Tellsplatte äußerst steil. Wald, Felsen. Weiter oben eine kleine Wiese, auf der ein nun wirklich scheußliches Glockenspiel steht, das nicht aus der Zeit Tells stammen kann. Es spielt zu jeder vollen Stunde zehn Minuten lang *Là-haut sur la montagne* und zwei, drei andere Weisen, ist arg verstimmt und hat auch eine Inschrift: »Die Schweizer Schokoladenindustrie der Bevölkerung«. – Da sind wir – von Altdorf einmal abgesehen – zum ersten Mal nicht ganz allein. Zwei Tellsplatten-Besucher sehen zweifelnd zu den tanzenden Glocken hoch. – Am Ufer steht im Übrigen jene Kapelle. Sie ist mit sehenswerten Darstellungen der Heldentaten Tells ausgemalt. Die wichtigsten Lebensstationen, auch sein Tod, denn Tell ertrank, als er ein Kind aus der Reuss retten wollte und offenkundig auch rettete, denn das Kind hieß Winkelried und war der, der später in der Schlacht bei Sempach »Schupfed doch nit eso!« rief.

Friedrich Schiller ist nie in der Schweiz gewesen, anders als sein Freund Goethe. Er benutzte aber Karten und hat sie offenkundig genau studiert. Seine poetische Rechnung geht in der Wirklichkeit durchaus auf, und seine Landschaftsbeschreibungen (manche Szenen sind geradezu Landschaft; Landschaft und Wetter) finden sich in der wirklichen Innerschweiz recht genau widerspiegelt. Vielleicht ist die Innerschweiz von Gott erst nach 1804, dem Jahr der Entstehung des *Wilhelm Tell*, erschaffen worden, mit dem Text der Uraufführung in der Hand, vielleicht aber auch hat Goethe Schiller mehr erzählt, als dieser zugibt. Er gibt nämlich gar nichts zu und tut so, als habe sein älterer Freund, was den *Wilhelm Tell* betrifft, gar keine Rolle gespielt. »Du hast vielleicht schon im vorigen Jahr davon reden hören, dass ich einen *Wilhelm Tell* bearbeite«, schreibt er am 9. 9. 1802 an Christian Gottfried Körner. »[...] Es war mir niemals in den Sinn gekommen, weil aber die Nachfrage nach diesem Stück immer wiederholt wurde, so wurde ich aufmerksam gemacht, und fing an, Tschudis Schweizerische Geschichte zu studieren.« Iffland gegenüber behauptet er gar einigermaßen keck: »Wilhelm Tell ist ein Sujet, wozu ich bloß veranlasst wurde, dass die Rede ging, ich mache ein solches Stück.« Goethe beharrt später – Schiller ist tot – darauf, er habe seinen Freund mit der Nase auf den Stoff, der zuerst seiner gewesen sei, stoßen müssen. Er erinnerte die Landschaft um den Vierwaldstättersee als »reizende, herrliche und großartige Natur«. In der Tat ist er 1775 im Tempo eines modernen Touristen von Sehenswürdigkeit zu Sehenswürdigkeit geeilt. In seinem Tagebuch liest sich das so: »d. 16. Abends ¾ auf 8 dem Schwizer hocken gegenüber den ersten nahen Schnee. Schnee gegenüber. Awfull. Tiefe Tanne im Thal. – Nach zehn in Schweiz. Müd und munter vom Berg ab springen voll Dursts u. Lachens. Gejauchzt bis zwölf. – d. 17. (…) um ein Uhr N. M. v. Schwiz weg nach dem Rigi. – 2 Uhr aufm Lauerzer See. Hoher herrlicher Sonnenschein. Vor lauter Wollust sah gar nichts (Zwey Maidle fuhren uns) Insel ehemalige Wohnung des Zwingherrn. Jetzt ein Waldbruder (…) Rigi bestiegen ½ 8 bey der Mutter Gottes zum Schnee. 3 Wirtsh. 5 Cap im Closter, im Ochsen. – 18. (…) um zwölf nach dem kalten Bad oder drei Schwestern Brunn dann die Höhe ¼ 3 Uhr in Wolcken und Nebel rings die Herrlichkeit der Welt. – (…) 19. früh ½ 7 aufwärts dann hinab nach Gersau zu Mittag im Wirtsh. am See. gegen zwey dem Grüdli über wo die 3 Tellen schwuren drauf an der Tellen Platte wo Tell aussprang. Drauf 3 Uhr in Flüely, wo er eingeschifft wird. 4 Uhr in Altdorf, wo er den Apfel abschoss. – 20. ½ 7 nach dem Steeg. Fische gebachen geschmackt gebadet im Schnee Wasser. 3 Uhr fort, berg auf.«

Alle Mythen – alte zu schier ewiger Wahrheit geronnene Geschichten, die einen realen Kern haben mögen oder auch nicht – beglaubigen ihre Wahrheit durch präzise Angaben.

Ödipus ist nicht irgendwo – wie alle Märchenhelden – sondern in Theben, in Delphi, in Korinth, in Kolonos am Ende. Die Odyssee, eine Erfindung historischer Ereignisse, beglaubigt deren Wahrheit durch unzählige Ortsangaben, von Troja bis endlich an den Strand von Ithaka. Und auch Gottfried von Strassburgs deutsche Version der Geschichte von Tristan und Isolde, der Prototyp leidenschaftlicher und tragischer Liebe, hebt mit einer Ortsangabe an: »Ein hêrre in Parmenie was«, was die folgende Erzählung auch dann wirklichkeitsnäher machte, wenn die Leser (oder eher die Zuhörer) keine Ahnung hatten, wo dieses Parmenien denn lag. Auch Friedrich Schiller beglaubigt seine Erfindung vom Erreichen der Freiheit durch das Volk durch eine geradezu aufdringlich exakte Topografie. Hundertfünfzig geografische Angaben gibt es – und ich habe die Berge und Seen nicht mitgezählt – und nur eine Szene, die letzte nämlich (nun hat es auch der Dümmste begriffen), kommt ohne die Versicherung eines wirklich existierenden Orts aus. Das sind im Durchschnitt zehn Ortsangaben pro Szene, und einige Szenen sind regelrechte Trommelfeuer topografischer Angaben. Am deutlichsten jene, wo Walter Fürst, Arnold von Melchtal und Stauffacher zum ersten Mal erwägen, ihre Kräfte – das heißt die von Uri, Schwyz und Unterwalden – zusammenzutun und einen gewaltsamen Aufstand des Volks zu befördern. Wenn man eine Hitliste der im Text erwähnten Orte erstellt, schwingt Altdorf mit vierzehn Nennungen obenauf, gefolgt von Küssnacht, das zehnmal vorkommt. Das Rütli wird siebenmal genannt, Sarnen sechsmal, Bürglen, Brunnen und, etwas überraschend in diesem Zusammenhang, Zürich je dreimal. Es folgt eine Kaskade von Orten, die nur ein- oder zweimal auftreten dürfen. Schiller muss mit dem Vergnügen eines Kopfreisenden auf seine Karte geblickt und sich immer erneut geeignete Orte herausgepickt haben. Er macht keine Fehler. Keine Angaben, die sich widersprechen. Die Wege wären abschreitbar. Am meisten mutet er allerdings seinem Tell zu, der von der Tellsplatte – bei Gewitter und Sturm; jeder Kundige weiß, welche Wasserfluten da die Berghänge hinunterrauschen – die jähen, nahezu lotrechten Abhänge des Axen hinaufmuss und dann, rauf und runter und mehr als oft durch den weglosen Bergurwald von damals, nach Küssnacht eilt, um Gessler rechtzeitig zu erwischen. (Seltsamerweise nimmt er nicht an, dass der, obwohl er ihn doch hilflos in den tosenden See zurückgestoßen hat, mit seinen Männern und Mäusen absäuft.) Das ist eine Wegstrecke, die, mit dem Auto der heutigen Küstenstraße entlang, achtunddreißig Kilometer lang ist. Tell hatte dazu ich weiß nicht wie viele Hundert Höhenmeter zu gehen: eine Triathlon-Leistung. – Diese Verankerung in einer konkreten Landschaft macht die idealische Geschichte glaubhaft, und wir Schweizer haben das Angebot dankbar aufgegriffen, unsere etwas diffuse Ursprungsgeschichte so konkret und heldisch gemacht zu sehen. Eine Kommission aus währschaften Männern hat, das Drehbuch Schillers in der Hand, in der Landschaft der Innerschweiz nach den erfundenen Orten gesucht. (Das Rütli allerdings gab es; das hat Schiller aus seiner Generalstabskarte herausgeklaubt.) – Schiller dachte natürlich nur auf einer ersten Ebene an die Schweiz. Er zielte auf sein Land, nicht auf uns.

Auch er wusste, dass seine Helden, Tell allen voran, nie gelebt hatten, und so schon gar nicht. Er nennt die Geschichte vom Apfelschuss »ein Märchen«. Dieses Märchen, das heißt eine halbwegs ähnlich erzählte Gründungsgeschichte, war denn auch vor Schiller manchen Schweizern geläufig, seit dem den Ereignissen noch recht nahen *Weißen Buch von Sarnen* (um 1470) und, später und vor allem, den *Geschichten Schweizerischer Eidgenossenschaft* Johannes von Müllers, dem Schiller denn auch – so etwas wie ein Witz; und Schiller ist selten witzig – eine Rose aufs Grab legt, indem er den Boten, der den Mord an Kaiser Albrecht meldet, Johannes Müller nennt. (Der Kaiser starb übrigens 1308; deshalb auch steht dieses Datum auf dem Sockel des Denkmals in Altdorf.)

Ich weiß nicht, ob heute noch irgendjemand in der Schweiz wirklich glaubt, Tell habe gelebt und die Gründungsgeschichte der Eidgenossenschaft habe sich so abgespielt. Ich glaube es eigentlich nicht. Schon Joseph Eutych Kopp hat – tief im 19. Jahrhundert – mit dem Tell-Mythos gründlich aufgeräumt (er allerdings wurde zur Strafe in effigie auf dem Rütli verbrannt), und in unserer Zeit (ich meine 1971) hat Otto Marchi in seinem auch heute noch äußerst anregenden Buch *(Schweizer Geschichte für Ketzer)* den Mythos in alle seine Einzelteile zerlegt. In jener Schweiz, die wir dank Hugo Loetscher jetzt alle wieder die urbane nennen, gilt Tell jedenfalls seit ewig und einem Tag als eine Fiktion. Aber die Leistung Schillers, die Existenz und die Taten Tells und all der andern mithilfe der wirklichen Landschaft wirklich zu machen, war und bleibt so erfolgreich, auch heute noch, dass gewiss in den meisten Köpfen beide Versionen – Mythos und aufgeklärtes Wissen – ziemlich konfliktfrei miteinander leben. Tell lebt. Warum denn auch nicht? Und es bleibt deshalb auch dabei, dass unser Land, als einziges weit und breit, einen Gründungsmythos feiert, der auf einem Attentat beruht. Die Ermordung eines Mächtigen aus dem Hinterhalt löst einen Volksaufstand aus – ein Muster, das wir anderswo nicht unbedingt billigen. Hier, bei uns, sind wir stolz auf unsern Tell.

Tom Stoppard hat ein zauberhaftes Stück geschrieben *(Rosencrantz and Guildenstern are dead)*, das eine Art *Hamlet* von hinten her gesehen ist. Das heißt, das Stück bleibt ausschließlich bei den beiden nicht ganz astreinen Freunden Hamlets, die der Titel nennt, in der Sprache Stoppards, und wird nur dann zu Shakespeares vertrautem Text, wenn Hamlet mit diesen zusammentrifft. Nicht allzu oft also. So wird klar, dass

Rosencrantz und Guildenstern nicht im Geringsten drauskommen, drauskommen können, was in der Welt um sie herum (das heißt im Stück *Hamlet)* vor sich geht. Niemand sagt ihnen ja was, und es kümmert sie auch nicht immer.

Ein ähnliches Stück könnte einer mit dem *Wilhelm Tell* schreiben: eines, das ausschließlich bei Tell bliebe. Es würde deutlich, dass Tell nie dabei ist, wenn es um die Wurst geht, um politische Entscheidungen, und dass er eigentlich recht blind ist für das, was geplant und gehandelt wird – und was er durch sein eigenes Handeln auslöst. Unser nationales Idol ist eine Art Desperado, der einzig und allein sein eigenes Recht gelten lässt. (Jan Philipp Reemtsma verglich ihn in einem prachtvollen Essay mit einem amerikanischen Westernhelden. Tell als helvetischer John Wayne.)

Ein Auftrag, das Stück zu inszenieren, würde mich heftig ins Schleudern bringen. Klar ist nur, dass eine Inszenierung sozusagen im Maßstab 1:1, ab Blatt, unmöglich geworden ist. Versuchte ich eine Art pathetischen Comicstrip, eine Form, die einerseits das ungeheuer Theaterhafte und eben auch längst unfreiwillig Komische ins Extrem triebe, aber das wahrhaftig-leidenschaftliche Sehnen nach der Freiheit der Völker ernst nähme? – Eins aber weiß ich sicher: Ich würde das Wetter – die Wetter – im Stück wörtlich genau inszenieren. Die von Schiller geforderten Stürme, Wasser und Blitze müssten genau so über die Bühne fegen. Ein Wind, gegen den keiner ankäme und der mehr als die edlen Bärte fliegen ließe. Wasser, dass alle tröffen. Mondlicht dann endlich, aus einem herrlich großen Mond.

Rütli. 17. Oktober 2003. Kühl, verhaltene Sonne.

Das Rütli ist eine nicht allzu große, geneigte oder gewellte Wiese, so hoch über dem See, dass wir ihn weit überblicken, bis hin zu den grauen Steilwänden des gegenüberliegenden

Ufers. Ein Dutzend Kühe bimmelt. Ein einziges, altes Bauerngebäude, der Stall wohl. Keinerlei Devotionalien, keine Inschriften, auch keine Besucher, wenn wir von acht oder zehn Soldaten absehen, von denen nicht klar ist, ob sie einen vaterländischen Ausflug machen oder hier Dienst haben. – Draußen, mitten im See, zieht ein Schiff vorbei, so etwas wie ein Nachen. Keiner mit einer Armbrust im Heck, soweit wir das von hier aus erkennen können.

Wilhelm Tell für die Schule

Max Frisch

Wahrscheinlich Konrad von Tillendorf, ein jüngerer und für seine Jahre dicklicher Mann, damals wohnhaft auf der Kyburg, vielleicht auch ein anderer, der Grisler hieß und in den gleichen Diensten stand, jedenfalls aber ein Ritter ohne Sinn für Landschaft ritt an einem sommerlichen Tag des Jahres 1291 durch die Gegend, die heute als Urschweiz bezeichnet wird. Wahrscheinlich herrschte Föhn; das Gebirge, das der dickliche Ritter vor sich sah, schien näher als nötig. Um dem jungen Rudenz gegenüber, der ihn nach Uri führen sollte, nicht unhöflich zu sein, gab er sich Mühe und lobte mehrmals die blühenden Kirschbäume. Es war heiß und blau. Je länger er ritt, desto schweigsamer wurde der dickliche Ritter, denn die Berge zu beiden Seiten nahmen überhand. Oft wunderte er sich, dass es in dieser Gegend überhaupt einen Pfad gab; aber es gab tatsächlich einen Pfad, der, wie der dickliche Ritter wusste, sogar nach Rom führte, wenn auch immer wieder um Felsen herum. Es wunderte ihn, dass hier Menschen wohnen[1].

---

1 »Vernehmt den Anfang der drei Länder Uri, Schwyz und Unterwalden, so wie sie in Ehren hergekommen sind; Uri ist das erste Land, das von einem Römischen Reich die Gunst empfangen hat, dort zu reuten

Das sagte er nicht. Je enger die Täler, desto kränkbarer sind die Leute, das spürte der dickliche Ritter schon und lobte nochmals einen blühenden Kirschbaum. In Brunnen am See, zu Mittag, musste man wieder einen Nauen besteigen. Eine mühsame Gegend. Ritter Konrad oder Grisler fühlte sich in dem Nauen nicht wohl; beide Hände an die Bank geklammert, obschon der schwere Nauen kaum schaukelte, saß er und blickte beklommen in das Tal von Uri, das ihm als das Ende der Welt erschien. Diese Flühe links und Flühe rechts. Er reiste nicht zum Vergnügen, sondern als Vertreter von

---

und zu wohnen. Danach sind die Römer nach Unterwalden gekommen; auch diesen gönnte das Römische Reich, dort zu roden und zu wohnen. Das ward ihre Freiheit und ihr Recht. Hernach sind Leute von Schweden nach Schwyz gekommen, da ihrer daheim zu viel waren. Auch die empfingen vom Reich die Freiheit und das Recht, sich allda niederzulassen, zu reuten und zu wohnen. Also saßen die Länder durch lange Zeit und während vieler Jahre in guter Ruhe, bis dass in die Nähe dieser Länder die Grafen von Habsburg kamen.« *(Das Weiße Buch von Sarnen,* um 1470) Hierzu Karl Meyer: »Der Bericht von der römischen Abkunft der Urner und Unterwaldner hält wohl die Erinnerung an eine romanische Vorbevölkerung fest; die vermeintliche Abstammung der Schwyzer von den Schweden hingegen beruht einzig auf der Ähnlichkeit der Namen Schwiter (so nannten sich die Schwyzer noch um 1350) und Schweden.« Lateinisch: Svitenses und Svetenses. Noch in unseren Tagen trifft man Leute in Texas oder in der Türkei, die Schweiz und Schweden verwechseln, zumal man sich beide Länder verschneit und demokratisch vorstellt. Vergl. Ferner Hans Tschäni, *Profil der Schweiz:* »Im Gebiet der heutigen Schweiz lebten die ersten Menschen vermutlich seit der letzten Eiszeit (50 000 bis 40 000 v. Chr.). Sie waren Jäger und Höhlenbewohner. Im 6. Jahrhundert v. Chr. von den Ligurern bewohnt. Hier handelte es sich um Pfahlbauer. Die nächsten Bewohner des Jura und des Mittellandes waren die Helvetier, ein Keltenstamm. Sie wurden nach ihrem Auszug 58 v. Chr. bei Bibracte von Cäsar geschlagen, und Helvetien wurde von den Römern besetzt. Nach 500 stießen die Alemannen in die Nord- und Ostschweiz vor.«

König Rudolfs Erben[2], also dienstlich; daher trug er diese Mütze aus Samt. Sogar auf dem See war es heiß. Kein stürmischer Föhn, aber Föhn. Der Schiffer ruderte hart und wortkarg, tat, als habe er diese grässlichen Felsen persönlich gemacht, und zeigte überhaupt keinen Humor. Natürlich wusste der dickliche Ritter, dass Uri damals reichsfrei war, das heißt, dass er sich jetzt im Ausland befand; er verschwieg, dass er nicht in Uri leben möchte. Er sagte lediglich, er habe Kopfweh. Der Nauen kam nur langsam voran. Der junge Rudenz, Neffe des Freiherrn von Attinghausen, ließ es sich nicht nehmen und zeigte dies und das, was den Einheimischen besonders sehenswert vorkam. Ab und zu tauchte der dickliche Ritter, während er höflich nickte, die Hand ins kalte Wasser des Vierwaldstättersees, damit sein Kopfweh vergehe; er beachtete weder die sommerliche Wiese des Rütli[3] noch den Fels, der später berühmt wurde als Tellenplatte[4], sondern blickte geradeaus,

---

2 König Rudolf von Habsburg starb am 15. Juli 1291; sein einziger Bruder, Herzog Albrecht, weilte in den Ländern der Donau. Unter solchen Umständen halten es Forscher (Karl Meyer, *Die Urschweizer Befreiungstradition,* 1927) für denkbar, dass Ritter Konrad von Tillendorf, der nachweislich im Jahre 1290 das Kloster Steinen bei Schwyz für sich und seinen Herrn Rudolf in Schutz und Schirm genommen hatte, zu ähnlichen Reichsaufgaben herangezogen worden sein könnte wie sein Vorgänger Hartmann von Baldegg und Dietrich Wetzel, das heißt, dass er der berüchtigte Landvogt war, den Tell erschossen hat.

3 Rütli: nach der Überlieferung (allerdings ohne Beweis) der Ort des Bundesschwurs vom 1. 8. 1291. Siehe Aegidius Tschudi: »Also ward dise obgemelte Pundtnuß von den gemelten dryen tapffern Personen in dem Land Uri erst gemacht und geschworen, davon die Eidtgenosschafft entsprungen, und das Land *Helvetia* (jetz Schwitzerland genannt) wider in sin uralten Stand und Fryheit gebracht worden.«

4 Heute noch ein beliebtes Ziel für Schulreisen. Vgl. hiezu Karl Meyer: »Wenn wirklich der Name Tellenplatte ein bloßer Flurname und älter wäre als der Name des Schützen Tell und erst nachträglich auf den Befreier gedeutet worden wäre, so läge darin noch kein Beweis gegen die

wo er plötzlich den Sankt Gotthard zu sehen meinte. Das war das einzige Mal, dass der Schiffer, der wahrscheinlich Ruodi hieß, kurz und bündig grinste. Schnee auf den Bergen im Sommer, das sah man bei klaren Tagen schon von der Kyburg aus; jetzt verwunderte es ihn trotzdem: Schnee im Sommer. Er äußerte sich nicht dazu. Die Leute von Uri schienen stolz zu sein auf diesen Schnee. Einmal fragte er den braven Schiffer, wie lange er denn nach Flüelen noch brauche. Keine Antwort. Der junge Rudenz, dem es peinlich war, wenn seine Waldleute sich unartig zeigten, packte jetzt einen Imbiss aus dem Lederbeutel, um den habsburgischen Beamten abzulenken von dieser Eigenart der Waldleute, wahrscheinlich Käse und Brot, auch harte Eier, die aber, als Ulrich von Rudenz sie vor dem hohen Gast auf die Bank legte, sofort herunterfielen und in dem Nauen hin und her rollten. Auch darüber vermochte der brave Schiffer nicht zu lächeln, denn er galt als der wackerste Schiffer auf dem Urnersee, und dass der fremde Fötzel ihn gefragt hatte, wie lange er bis Flüelen noch brauche, vergaß er sein Lebtag nicht. Leider hatte der Vertreter von König Rudolfs Erben überhaupt keinen Appetit, was aussah, als verachtete er den einheimischen Käse. Die Fahrt in diesem Nauen kam ihm endlos vor. Immer öfter schloss er die Augen, um wenigstens keine Berge zu sehen, und hörte nur den harten Wellenschlag, das Klatschen unter dem Nauen, dazu das Ächzen der Ruder. Er versuchte an seine diplomatische Mission zu denken, beide Hände an die Bank geklammert; dabei wurde er das Gefühl nicht los, man fahre in der verkehrten Richtung, genau in der verkehrten Richtung ... Herr Vogt!, sagte der jun-

Geschichtlichkeit des Schützen, sondern nur gegen die Richtigkeit des Schützennamens Tell: man hätte dann dem Schützen den Namen Tell zugelegt im Glauben, es trage diese Rettungsstelle den Namen Tellenplatte von ihm.«

ge Rudenz: Wir sind da! – ein Rudel von Hütten in grünen Wiesen mit Apfelbäumen, das also war Flüelen. Der Vertreter von König Rudolfs Erben hatte sich Flüelen überhaupt nicht vorgestellt, und insofern überraschte es ihn gar nicht. Er dankte dem wackeren Schiffer; dieser aber war noch immer beleidigt wegen der Frage, wie lange er nach Flüelen brauche, und blickte geradezu unheimlich. Es war, als hätte der Mann mittlerweile einen Kropf bekommen. Ein anderer, der die Pferde bereithielt, hatte einen wirklichen Kropf. Als sie entlang der Reuss gegen Altdorf ritten, fragte der dickliche Ritter, ob es in diesen Tälern viel Inzucht gebe. Die Auskunft des jungen Rudenz ist nicht überliefert. Hingegen soll der Herr Vogt kurz darauf sein Pferd angehalten haben, um zu sagen: Diese Berge, ringsum diese Berge! Sein Kopfweh war noch nicht vergangen, als man in Altdorf ankam.

Als Ritter Konrad oder Grisler, auch schon verwechselt mit einem Grafen von Seedorf[5], am andern Morgen erwachte und an das niedrige Fenster trat, keinen Himmel erblickte, sondern nur Felsen und Tannen und Geröll, machte er sich Mut, indem er Milch trank. Wahrscheinlich hatte ers auf der Leber,

---

5 »Die Namensverschüttung ist schon deshalb naheliegend, weil der Name des Hauptvogts, der nach den Chroniken über Schwyz und Uri waltete, uns weder durch die Urner noch durch die Schwyzer Historiografie, sondern einzig durch die ausländische Geschichtsüberlieferung mitgeteilt wird.« (Karl Meyer, *Die Urschweizer Befreiungstradition,* 1927) Es lässt sich kaum verkennen, dass im Vogt Gessler eigentlich zwei Gestalten verschmolzen sind, nämlich ein Zwingherr im Lande Schwyz, der auf Schwanau sitzt und in jener Gegend (das heißt bei Küssnacht) erschlagen wird, und ein Tyrann im Lande Uri (der *Graf von Seedorf* in der Luzerner Chronik des Diebold Schilling), der den Apfelschuss erzwingt und an der Tellenplatte erschossen wird.« (August Bernoulli, 1881)

ohne es zu wissen; daher sein Hang zur Melancholie. Er lobte die Milch. Die Leute, die in diesem Tal geboren waren, taten ihm leid; Sonne schien an die Felsen hoch oben, das Tal aber lag im Schatten, und wenn er zum Himmel schaute, kam es ihm vor, als wäre er in eine Zisterne gefallen. Er schickte sofort, noch ehe er seine Milch getrunken hatte, einen Knecht hinüber nach Attinghausen[6], um sich als Reichsvogt anzumelden. Es eile. Der dickliche Ritter wünschte sich seinen Aufenthalt in Uri so kurz wie möglich. Schon die erste Stunde, während er auf die Antwort aus Attinghausen wartete, wurde ihm lang. Eine Ahnung, was ihn in diesen Waldstätten erwartete, hatte der dickliche Ritter offenbar nicht; nämlich als er in der Kapelle kniete, betete er nicht für seine Person, sondern bekreuzigte sich in der allgemeinen Hoffnung auf bessere Zeiten. Sein Kopfweh war vergangen, was er schon für ein gutes Zeichen hielt. Leider meldete der Knecht, der Freiherr von Attinghausen fühle sich nicht wohl, könne den Reichsvogt erst in der kommenden Woche empfangen. Auch dies hielt er noch für ein gutes Zeichen, denn es hätte ja auch sein können, dass der Greis von Attinghausen gerade gestorben war. So machte er denn, um nicht müßig zu sein, einen ersten Ritt in die Um-

6 Freiherr von Attinghausen, selber Grund- und Leibherr und reichsfrei, somit dem Haus Habsburg rechtlich gleichgestellt, war Landammann von Uri, Inhaber der stärksten Burg im Tal. »Die Eidgenossen stellten nur zum Teil jenes Volk freier Bauern dar, mit dem unsere patriotische Fantasie die Urschweiz besiedelt. Die dortige Gesellschaft entsprach der Sozialstruktur des Mittelalters, das heißt: Sie war nach Ständen gegliedert. Ihre Mehrheit setzte sich – auf der untersten Etage – aus Grundhörigen zusammen: Leibeigenen, die zwar nicht wie Sklaven verkauft werden durften, ihrer Gutsherrschaft aber mit Frondiensten und Abgaben dienstbar waren.« (Marcel Beck, 1970) Infolgedessen hat der Reichsvogt korrekterweise mit dem Freiherrn von Attinghausen zu verhandeln, nicht mit dessen Leibeigenen.

gebung, besuchte dienstlich eine Baustelle zwischen Silenen und Amsteg, wo zurzeit ein Turm erstellt wurde, um den Pfad zum Gotthard zu sichern[7]. Inzwischen war die Sonne auch ins Tal gekommen, aber die Laune auf der Baustelle war misslich. Ein alter Bauführer, damals Fronvogt genannt, ein Tiroler, der den Leuten von Uri schon seines andern Tonfalls wegen verhasst war, hatte vermutlich aus persönlicher Ranküne, weil sie ihn Fötzel nannten, den schnöden Namen der Burg erfunden: TWING-URI. Das musste, wie Ritter Konrad oder Grisler verstand, die braven Urner reizen. Der Tiroler wurde auf der Stelle entlassen – zu spät; der Name blieb im Gerücht für alle Zeit[8].

Schlimm waren die Abende in Altdorf, diese Abende mit einem Fräulein von Bruneck und dem jungen Rudenz, der für die ältliche Jungfer viel zu jung war, aber geil auf ihr Erbe. Abende mit Fledermäusen in einem Turm. Sie würfelten. Auch wenn er kein Kopfweh hatte, ging der dickliche Ritter oft schon um neun Uhr ins Bett. So langweilig hatte er sich diese Dienstreise nicht vorgestellt. Offenbar ahnte er nicht, dass er sich in der Urschweiz[9] befand, also an der Geburtsstätte

---

7 »Da König Rudolf beziehungsweise seine Söhne in diesen Passtälern das Geleitrecht hatten, dienten die Burgen auch zur Sicherheit der Kaufleute, als Stützpunkte der habsburgischen Verkehrs- und Zollpolitik, die fiskalisch sehr wichtig war.« (Karl Meyer, ebenda) Über die Bedeutung der Burgen für den Ausbau der Landeshoheit vgl. K. Lamprecht: *Deutsches Wirtschaftsleben,* ferner E. Schrader: *Das Befestigungsrecht in Deutschland bis zum Beginn des 14. Jahrhunderts.*

8 Friedrich Schiller übernahm das Gerücht, das Bauvorhaben bei Silenen-Amsteg sei unrechtmäßig gewesen, aus der patriotischen Chronik des Aegidius Tschudi (1502–1572).

9 Urschweiz, urschweizerisch usw. ist eine postume Bezeichnung. Die Verschwörer gegen Habsburg (Stauffacher-Gesellschaft) bezeichneten sich nicht als Schweizer, sondern als Eidgenossen. Schweizer wurde erst

unserer Freiheit[10]. Als Ausländer, der er in jedem Fall war, ob Ritter Konrad oder Grisler, wunderte er sich über mancherlei. Der Senn, der täglich die Milch brachte, tats mit einer Miene, dass man sich fragen musste, ob er nicht in die Milch gepisst hatte. Wie es Ausländern heute noch eigen ist, bemerkte der dickliche Ritter lauter Eigentümlichkeiten, die nicht typisch sind oder die nur die Einheimischen zu würdigen wissen[11]. Manchmal fürchtete er sich vor diesen Berglern; ihre Seele blieb ihm verschlossen[12]. Fragte er unterwegs einen Hirten nach dem Wetter, so redete dieser plötzlich mit seinem Vieh, schlug mit einem Stock auf das stumme Vieh, um es weiterzutreiben, und blickte nach einer Weile zurück, als gehe es einen fremden Fötzel[13] nichts an, das Wetter in Uri. So ritt er tagelang, ohne jemand anzusprechen. Er sah ihre Hütten zwischen den Felsen; es dünkte ihn aberwitzig, dass Menschen in einer

im österreichischen Lager der Schimpfname für sämtliche Waldleute, auch für die Nicht-Schwyzer. Vgl. hiezu Felix Hemmerli, *De nobilitate et rusticitate dialogus*, 1449: »Die Schwyzer waren eben die ersten Frevler gegen ihren Herrn, und so bekamen alle, welche der Reihe nach mit ihnen frevelten, auch ihren Namen.«

10 Freiheit im Sinn von staatlicher Souveränität.

11 Würdigung der schweizerischen Eigenart, das heißt die positive Interpretation von Verhaltungsweisen, die den Ausländer enervieren, findet sich in der schweizerischen Literatur wie auch in der schweizerischen Publizistik.

12 Vgl. hiezu Eduard Renner, *Goldener Ring über Uri*, 1954.

13 Fötzel ist in der Innerschweiz heute noch, trotz Tourismus, ein gebräuchlicher Ausdruck; er bezeichnet eine A-priori-Minderwertigkeit des Ausländers. Über Xenophobie und Hotellerie besteht meines Wissens noch kein Standardwerk. Die bäuerliche Xenophobie, vor allem in engen Tälern ein natürliches Phänomen, ist trotz Fremdenverkehr (1964: 32 325 000 Übernachtungen auf dem Gebiet der Eidgenossenschaft) keineswegs verloren gegangen; Devotheit gegenüber dem Ausländer, sofern er zahlungstüchtig ist, steht nicht im Widerspruch zur schweizerischen Eigenart.

solchen Gegend wohnten, und sie taten ihm leid. Wenn er die sturen Felsen sah und das Geröll, überall Hänge von Geröll, verstand er, dass sie mürrisch waren, obschon er, Ritter Konrad oder Grisler, ihnen nichts zuleide getan hatte. Er lobte ihr Vieh. Im Durchschnitt waren sie klein und kräftig. In den ersten Tagen meinte er, alle hätten Kröpfe. Sie hatten diese kurzen und dicken Hälse, diese stämmigen Hälse, diese kurzen und stämmigen Nacken, wenig Hinterkopf, eine niedrige und kantige Stirn, darunter zwei Augen mit einem stechenden Blick. Eigentlich blickten sie einen nicht an, sie musterten. Sie hatten ein hartes Leben, aber sie waren stolz darauf. Sie waren Christen. Die Männer trugen das Heu auf dem Kopf, ganze Wolken von Heu, dann sah man nur ihre Beine, krumm vor Kraft der Waden. Sie wussten, wie man Käse macht, und brauchten sich von der Welt nicht belehren zu lassen. Ein Scherz konnte genügen, um es mit ihnen zu verscherzen. Genügsam wie ihre Väter und Großväter bauten sie ihre Hütten wie ihre Väter und Großväter; was nicht so war wie schon immer, schien ihnen bedenklich, geradezu des Teufels, der in diesen Tälern überhaupt eine große Rolle spielte[14]. Schon dass einer sich in ihre Täler wagte, machte ihn verdächtig; die Sennen, die einen Sommer allein auf ihrer Alp verbrachten, redeten lieber mit den Geistern als mit einem Unbekannten[15]. Ein einzi-

---

14 Siehe Josef Müller, *Sagen aus Uri*, 1926.

15 »Zu Rinderbüel im Madranertal, da liegt unter mächtigem Steingeröll begraben ein ganzes Sennten (Sennerei). Dort rief es eines Abends, als die Älpler die Kühe molken, von der jähen, unheimlich über den Hütten drohenden Felswand: I lahs la gah (Ich lass es fallen). Der Senn setzte beide Hände in Trichterform an den Mund und rief durch dieses Sprachrohr zurück: Du magsch scho na gha (Du kannst es schon noch halten). Am nächsten Abend erscholl die Stimme wieder: I müess la gah!, und noch einmal antwortete der unerschrockene Senn: Mal jetz häb nu ä chly (Jetzt halte das nur einmal ein bisschen). Der dritte Abend

ges Mal kam der dickliche Ritter auf eine Alp und wunderte sich verständnislos: Kein einziger Baum, nur Kot von Kühen, Moor, Disteln, Gras zwischen Geröll, Wind, Fliegen auf dem schwarzen Kot, Bach mit Kieseln, vor allem Geröll, und nicht nur das Vieh glotzte ihn an, sondern auch der Senn, den er um Milch bat; der Senn glotzte und unterbrach seine Arbeit am Herd und glotzte, ohne zu sprechen[16]. Seither blieb der höfische Ritter unten im Tal. Ein stattlicher Bauer namens Walter Fürst, Inhaber eines großen Hofes im Tal, sagte wenigstens Guten Tag und bot einen Sessel an; er selber, der Bauer, blieb stehen in Misstrauen. Sie hatten einen Freibrief[17] und waren

---

war eingezogen in die stille Alp, die letzte Kuh wurde gerade gemolken, aber das ganze Sennten stand noch wiederkäuend beieinander, da schrie es wieder von der überhängenden Felswand herunter mit furchtbar drohender und doch fast bittender Stimme: Jäh, i müess la gah (Jesses, ich muss es fallen lassen)! Der Senn rückte eben den einbeinigen Melkstuhl unter der Kuh weg, stellte sich mit dem vollen Eimer in der Hand auf und rief hinauf: So lachs äbä la chu (So lass es eben kommen)! Und im Augenblick berstete krachend der Fels, fiel donnernd und Funken sprühend herunter und begrub das ganze herrliche Sennten mit dem Senn und den Knechten unter haushohen Trümmern und Steinblöcken.« (Josef Müller, *Sagen aus Uri*)

16 »Ein Alpsenn hatte soeben erwellt, und ein großer Kessel voll der köstlichen milden Ziegenmilch lachte ihn an. Da dachte er: Jetzt gäbe ich doch gern einem armen Mensch genug z'saufen! Kaum gedacht, kam einer in die Hüttentüre, stützte seine Hände so auf das Halbtürchen und schaute in die Hütte hinein. Der Senn aber scheute sich, ihn anzureden. Nach einiger Zeit entfernte sich der Unbekannte, und als er neben der Hütte hinaufging, schrie er furchtbar. Der Senn hätte ihn anreden und ihm Ziegenmilch anbieten sollen, meinte die Erzählerin, dann hätte er ihn vielleicht erlösen können.« (Ebenda)

17 Gemeint ist die Freiheitsurkunde, die König Heinrich, Sohn von Friedrich II. und dessen Reichsverweser in Deutschland, am 26. Mai 1231 den Urnern ausgestellt hat; vorher war das Tal Uri unter der hohen Gerichtsbarkeit der Reichsvogtei Zürich.

im Recht. Sie konnten sich unter einem Reich nichts vorstellen, was ihnen Nutzen bringt. Schon der fremde Schnitt eines Bartes missfiel dem Bauern, denn in Uri trug man die Bärte anders und war im Recht. Gaben sies zu, dass ihnen der Pfad über den Sankt Gotthard viel Nutzen brachte, Gewinn durch allerlei Handel mit habsburgischen Ländern, so verdankten sie es Gott, keinem anderen als Gott, der ab und zu eine Lawine fahren ließ, im Übrigen aber sich nicht einmischte wie die Herren von Habsburg. Ritter Konrad oder Grisler oder wie immer er hieß, der dickliche Vertreter von König Rudolfs Erben, brauchte gar nicht zu reden; sie wollten nicht. Schließlich nahm er seine ritterliche Mütze von der Bank, nicht gewohnt, dass einer sich das Brusthaar kratzte, wenn man mit ihm redete, und erhob sich lächelnd – ohne Grund zu einem Lächeln – und wollte dem Bauern die Hand geben; nicht einmal das wollten sie[18], der Urner kratzte noch immer sein Brusthaar.

Obschon die Untat sich nicht auf urnerischem Boden ereignet hatte, wusste jeder Urner davon, und wie Pfarrer Rösselmann sie zu berichten verstand, war der Bauer zu Altzellen natürlich im Recht, als er den habsburgischen Vogt, der splitternackt in

18 Der Wille der Eidgenossen von 1291, keine Verpflichtungen gegenüber einem Völkerverein einzugehen, sondern sich auf die Nutznießung der Pässe zu beschränken, hat sich nicht ungebrochen bis ins 20. Jahrhundert erhalten. Erst nach einer Epoche kriegerischer Aggression und Expansion, die Macht vor Recht setzte, und erst nach der Niederlage bei Marignano 1515 siegte wieder die urschweizerische Denkart, der Verzicht auf Partizipation, ihr Anspruch auf Unabhängigkeit durch strikte Nichtintegration (Neutralität); noch 1970 ist die Schweiz bekannt als Goldhort ersten Ranges und Nichtmitglied der UNO. Vgl. hiezu James Schwarzenbach, Begründer der Nationalen Aktion, 1. August 1970: »Unabhängigkeit ist unvereinbar mit der Integration, mit EWG, mit der UNO.«

einem Bottich saß und gerade sein verschwitztes Haar wusch, meuchlings mit einem Spaten erschlagen hatte[19]. Ohne Zweifel war der dickliche Ritter entsetzt, als er diese Geschichte von seinem Kollegen hörte, und schwieg vorerst … Beamte für diese Waldstätte zu finden, war eben schwierig; wer sich

19 »Zu der Zeit hauste auf Altzellen ein wackerer Mann, der hatte eine hübsche Ehefrau. Aber der damals dort Herr war, der wollte diese haben, ob es ihr lieb wäre oder leid. Und das sagte er ihr. Sie aber tat, wie eine rechtschaffene Frau tut, und bat ihn, er möchte sie damit unbelästigt lassen, denn sie wollte ihm niemals gehören. Aber ihre Worte halfen nichts. Der Herr meinte, seinen Mutwillen mit ihr treiben zu können, und kam auf Altzellen in ihr Haus. Ihr Mann war ins Holz gegangen. Der Herr zwang die Frau, ihm ein Bad zu bereiten, und sprach, sie müsse mit ihm baden. Das Weib bat Gott, dass er sie vor Schanden behüte, doch der Vogt ging ins Bad und befahl ihr, zu ihm hineinzusitzen. Sie war verzweifelt, dass ihr Mann nicht kam, und da Gott die Seinen, die ihn in Not anriefen, noch nie verließ, kam der Mann und fragte, was sie bedrücke. Sie sprach: Der Herr ist da und hat mich gezwungen, ihm ein Bad zu machen. Dort sitzt er jetzt und will, dass ich zu ihm komme, damit er mit mir tun kann, was er gerne möchte. Das wollte ich aber nicht und habe Gott gebeten, mich vor Schande zu behüten. Der Mann ward zornig, ging hin und schlug den Herrn sogleich mit der Axt tot, und bewahrte das Weib vor Schanden. Das wollte Gott, dass er heimkam.« *(Das Weiße Buch von Sarnen,* um 1470) Vergleiche die Chronik von Aegidius Tschudi hundert Jahre später: »Do begert Er, Sie sölt Im ein Wasserbad zubereiten, denn Er wäre vom Wandeln schweißig und müd worden«, was also noch kein unsittliches Ansinnen wäre; trotzdem erschrickt die brave Bäuerin auch bei Aegidius Tschudi, nur schickt Gott nicht ihren braven Mann nach Hause, sondern sie holt ihn draußen auf dem Feld. »Je älter die Erzählungen sind, je einfacher erscheinen sie; je jünger, desto umständlicher. Je die späteren Schriftsteller wissen mehr zu erzählen als die früheren.« (Georg von Wyss, 1858, zur Geschichte der Urschweiz) In keiner Chronik erwähnt wird das Herbergsrecht, das der landesherrliche Vogt hatte; alle Chroniken stimmen darin überein, dass der Vogt, Herr von Wolffenschießen, im Wasserbad saß, während die Bäuerin angekleidet blieb, und der einzige Zeuge dafür, dass der Vogt mehr begehrte als ein Wasserbad, bleibt die brave Bäuerin selbst.

irgendwie auszeichnete, daher bei den Herren von Habsburg in Gunst stand, sodass er einigermaßen einen Posten wünschen konnte, ging lieber nach Innsbruck oder Zürich, allenfalls nach Baden, nicht aber nach Sarnen oder Lowerz oder auf Rotzberg. Dieser Herr von Wolffenschießen, das wusste man damals in ritterlichen Kreisen, war zur Strafe nach Unterwalden versetzt worden, weil ers mit den Pagen trieb[20]. Es verwunderte daher den dicklichen Ritter, dass ausgerechnet dieser Wolffenschießen, in seiner Art ein liebenswürdiger Kollege, eine Unterwaldnerin habe verführen oder sogar vergewaltigen wollen. Ob es dafür, so erkundigte er sich vorsichtig bei Pfarrer Rösselmann, einen weiteren Zeugen gebe außer Gott. Denn er konnte es sich einfach nicht erklären[21]. Auch dünkte es den dicklichen Ritter, wenn er sich die Untat vorzustellen suchte, rätselhaft, dass ein Mann, der ein Weib will, sich selber entkleidet und dann im Bottich sitzt. Aber Pfarrer Rösselmann bestand darauf, als wäre er selber zugegen gewesen, und kein Urner zweifelte dran, dass es sich um versuchte Hurerei handelte, in Tateinheit mit Tyrannei; sonst hätte der Bauer von Altzellen, bekannt als frommer Mann, nicht zum Spaten gegriffen und dem badenden Vogt meuchlings den Schädel gespaltet, was, wie Pfarrer Rösselmann durch-

---

20 Chronikalisch gibt es keinen Hinweis auf die Homosexualität des genannten Vogtes, was allerdings auch daraus zu erklären wäre, dass Homosexualität in der Urschweiz ein Tabu war.

21 Noch 1943 kam es in dieser Gegend, da wir als verschwitzte Soldaten an einem Dorfbrunnen unsere Hemden auszogen und wenigstens den nackten Oberkörper waschen wollten, zu einem Aufruhr; der Priester lief zum Hauptmann, beschwerte sich über unser lasterhaftes Treiben, das die Weiber des Dorfes verderben würde, und als der Hauptmann, ein Städter, darauf bestand, dass wir nach einem Tagesmarsch uns waschen dürften, versicherte der Priester, er und seine Gläubigen hätten in ihrem Leben noch niemals gebadet und stünden unter dem Segen Gottes.

blicken ließ, jederzeit wieder geschehen könnte ... Er war also gewarnt, der Vertreter von König Rudolfs Erben, von Christ zu Christ ... Es gebe der habsburgischen Untaten mehr, sagte Pfarrer Rösselmann, als er spürte, dass der dickliche Ritter zwar erschüttert war, aber im Stillen noch immer zweifelte, wer bei dem Vorkommnis im Recht war, es gebe der habsburgischen Untaten mehr. Ob er, Vertreter von König Rudolfs Erben, beispielsweise die Geschichte von dem ebenfalls braven und frommen Melchtal kenne? Er kannte sie nicht. Sollte Melchtal, der Sohn, sich gefallen lassen, dass König Rudolfs Erben ihm die Ochsen vom Pflug spannten? Da wehrte er sich eben, wobei er einem Habsburger Waffenknecht versehentlich den kleinen Finger brach. Was aber tat der Vogt darauf? Er wütete, er holte den greisen Vater und ließ ihm beide Augen ausstechen[22]. Auch diese Geschichte, nicht minder schauerlich,

---

22 »Nun war auf Sarnen ein Herr von Landenberg im Namen des Reichs. Der vernahm, dass im Melchi einer wäre, der ein hübsch Gespann Ochsen hätte. Da fuhr der Herr zu und sandte einen seiner Knechte, ließ die Ochsen ausspannen und ihm bringen. Dem armen Mann ließ er sagen, die Bauern sollen den Pflug selber ziehen, die Ochsen wolle er haben. Der Knecht tat nach des Herrn Geheiß, ging hin und wollte die Ochsen ausspannen und sie nach Sarnen treiben. Der arme Mann aber hatte einen Sohn, dem gefiel das nicht. Er wollte die Ochsen nicht gerne lassen, und als der Herren Knecht das Joch ergriff, da schlug er mit dem Stock drein und brach dem Knecht seines Herrn einen Finger. Der Knecht ward böse darüber, ging heim und klagte dem Herrn, wie es ihm ergangen. Der ward zornig und drohte den Bauern Übles an. Der Sohn entfloh, doch der Vogt ließ seinen Vater holen, ließ ihn nach Sarnen auf seine Burg führen und blendete ihn dort, nahm ihm, was er hatte, und tat ihm also großes Leid an.« *(Das weiße Buch von Sarnen)* Auch hier weiß Aegidius Tschudi hundert Jahre später zu präzisieren: »von einer geringen Ursachen wegen, da sin Sun Arnold von Melchtal söllt übertretten haben, und in Straff gefallen sin«, das heißt die Beschlagnahme der Ochsen erfolgte als Strafe für ein Vergehen vorher. Ferner wird bei Tschudi erkennbar, warum der arme Vater (»Heinrich von Melchtal,

berichtete Pfarrer Rösselmann, als wäre er zugegen gewesen, und es war nicht Zweifel, sondern Ausdruck des Entsetzens, als der dickliche Ritter sagte: Ist das wahr? Er hielt die Hand vor seine eigenen Augen, so entsetzt war er, wie sehr diese Waldleute immer im Recht sind[23], und daran änderte es auch nichts, dass die Geschichte vom Melchtal schon damals, 1291, eine ziemlich alte Geschichte war.

---

ein wiser, verständiger, ehrbarer, hablicher Mann«) geblendet wird: Er verschweigt, wo sein unbotmäßiger Sohn sich aufhält. »Die Blendung, womit der greise Melchi-Bauer bestraft wurde, ist eine der gebräuchlichsten Strafarten des Mittelalters.« (Karl Meyer, ebenda)

23 Die Tendenz der mündlichen Überlieferung, das eigene Kollektiv zu rechtfertigen, ist natürlich. Vgl. hiezu Johannes Dierauer, 1887: »der Eigenliebe des Volkes schmeichelnde Geschichten«. Vgl. ferner die mündliche Überlieferung in der Neuzeit, zum Beispiel wie die Schweiz sich im Zweiten Weltkrieg meint verhalten zu haben. Schon nach einem Vierteljahrhundert werden Vorkommnisse vergessen oder zumindest nicht überliefert, die etwa unsere Gewissheit, die Schweiz sei immun gegen Faschismus, erschweren könnten. Die mündliche Überlieferung setzt sich sogar gegen Dokumentationen durch, wie sie dem mittelalterlichen Chronisten nicht zur Verfügung standen; die Publikation von Dokumenten bringt daher nicht selten einen Schock, wie zum Beispiel der sogenannte Bonjour-Bericht über die Neutralität der Schweiz im Zweiten Weltkrieg, verfasst zuhanden des Bundesrates und 1970 dem Volk erst nach einigem Zögern vorgelegt. Hätten auch wir, wie damals die Urschweiz, nur die mündliche Überlieferung (Stammtisch, Volksschule usw.), so gäbe es in der Schweiz von 1933 bis 1945 beispielsweise keine Hitler-freundlichen Großbürger und Offiziere usw., und dies schon nach einem Vierteljahrhundert mündlicher Überlieferung – *Das Weiße Buch von Sarnen*, die früheste Chronik des Schwurbundes in den Waldstätten, wurde erst hundertachtzig Jahre nach den Vorkommnissen verfasst (Vgl. hiezu *Quellenwerk zur Entstehung der Schweizerischen Eidgenossenschaft*, herausgegeben von der Geschichtsforschenden Gesellschaft der Schweiz, Abteilung III Chroniken, Band 1, »Das Weiße Buch von Sarnen« 1947.)

Zu einer ersten Begegnung mit dem Mann, der später als Wilhelm Tell durch zahlreiche Dichtungen berühmt wurde, kam es wahrscheinlich oberhalb Amsteg, wo Ritter Konrad oder Grisler, eher aber Konrad von Tillendorf[24] sich eines Tages auf der Jagd befand. Der dickliche Ritter, der an diesem Tag wieder sein Kopfweh hatte, saß an der Reuss und ließ die andern jagen. Gern hätte er die Stiefel ausgezogen, seine Füße nackt in das eisige Wasser gehängt; das war im 13. Jahrhundert das beste Mittel gegen Kopfweh. Leider war er nicht allein, und das Fräulein von Bruneck, das ihm wieder Gesellschaft leistete, redete pausenlos in die rauschende Reuss. Er nickte ab und zu, wusste schon ungefähr, was sie gesagt haben könnte, und sammelte zwischen seinen Stiefeln kleine und größere Steine, um sie in den reißenden Bach zu werfen, als wollte er die Berge abtragen. Auf den Bristen oder auf die Windgälle zu klettern, das fiel einem mittelalterlichen Mann noch nicht ein. So saß man denn bei Amsteg, was bekanntlich ein Loch ist. Hoch oben ein blauer Tag. Einmal sagte er: Nichts gegen die Leute von Uri!, und da sie ihn ebenfalls nicht verstehen konnte, musste ers fast brüllen: Nichts gegen die Leute von Uri! Es war einfach nicht der Ort für ein Gespräch, und eigentlich war Herr Konrad (so nannte ihn die gesellige Jungfer) froh darum. Er wusste nicht, was mit ihm los war. Er sah nur noch Tannen und Geröll. Wieder fragte er das Fräulein, ob heute Föhn sei. Dann versuchte er irgendetwas zu denken. Das Fräulein fand den Platz mit Moos sogar entzückend, überhaupt die Gegend, diese Tannen und dieses Geröll und diese Wasserfälle und die-

24 Urkundliche Formen: Tilndorf, Tilendorf, Tillendorf, Thillingsdorf, Tellindorf, Dillendorf. Hiezu Karl Meyer: »In diesem Fall nannte man in der Urschweiz den verhassten Vogt kurzerhand Tillen und seinen Bezwinger den Tillenschützen oder Tillentöter oder Tillen-Willi.« *(Die Urschweizer Befreiungstradition)*

se Luft. Es war, als stehe die Zeit. Als er nach langem Schweigen feststellte, dass er immer noch Steine, jetzt aber größere, in den stiebenden Bach warf, erfasste ihn die Panik: Nicht weil er seine bevorstehende Ermordung ahnte, sondern weil ihm zu diesem Geröll einfach nichts einfiel. Es machte ihn stur. Daher sein Ausspruch: Nichts gegen diese Leute von Uri! … Sein Knecht, Rudolf der Harras, der die beiden Pferde betreute, hatte sich für den Fall, dass der Herr Vogt sich dem freien Fräulein nähern sollte, in geziemender Entfernung niedergelassen und war offenbar eingeschlafen, sodass er den einheimischen Heuer oder Senn nicht bemerkte, der breitbeinig den steilen Hang herunterkam, eine Armbrust auf der rechten Schulter, dazu einen Bub an der andern Hand. Es war das Fräulein von Bruneck, das flüsterte: Es kommt jemand! Es ist anzunehmen, dass der Ritter, als er sich jetzt umdrehte, nicht als Erster grüßte. Ob Heuer oder Senn oder Wilderer, jedenfalls wars ein Einheimischer: ein untersetzter Mann, stämmig mit nackten Knien und in einem weißlichen Kittel mit Kapuze, wie die Heuer sie brauchen, damit das Heu, wenn sie es auf dem Kopf tragen, nicht im Nacken kitzelt; er trug aber kein Heu an diesem Tag, sondern nur eine Armbrust leicht auf der Schulter. So kam er breitbeinig und mit einem Bart und stämmig über den steilen Hang herunter; der Bub an seiner Hand wirkte fröhlich. Konrad von Tillendorf, verblüfft über die Erscheinung, wartete auf einen schlichten Gruß nicht dringlich, aber vergeblich; der Einheimische blieb stehen, nahm seine Armbrust von der Schulter und spannte sie mithilfe seines Fußes, nahm einen Pfeil aus dem Köcher und zeigte dem Bub, wie man den Pfeil auf die Armbrust legt, dann hielt er Ausschau nach Vögeln. Da flog aber nichts. Es war schade; der Ritter hätte gerne einmal gesehen, wie ein Pfeil und ein Vogel flugs zusammenfliegen. Als jetzt der aufgeweckte Bub merkte, dass da ein Ritter und ein Fräulein an der Reuss saßen, konnte Konrad von Tillendorf nicht umhin: Er nickte – und der Armbrust-Vater schaute jetzt auch[25]. Er nickte seinerseits nicht, sondern steckte den Pfeil in den Köcher wie ein ertappter Wilderer und ging weiter, als wäre nichts gewesen, breitbeinig die Wiese hinunter, wieder die Armbrust auf der Schulter. Der Bub blickte noch zweimal zurück … Gern hätte er den stämmigen Wilderer gefragt, wie es weiter droben aussieht, wenn man zum Sankt Gotthard steigt; ob da Schnee sei usw. Er wäre kein Wilderer, meinte das Fräulein, sondern Jäger, Schütze von Beruf. In allem meinte sie Bescheid zu wissen, diese Bertha, die auch nicht verbürgt ist[26]. Sie hielt sich für schick in ihrem Kleid aus Luzern, saß aufrecht, zog Halme durch ihren schmalen Mund.

---

25 Zum Streit der Gelehrten über die Geschichtlichkeit der Figur, deren Armbrust bekanntlich zum Signet für schweizerische Qualität wurde, schreibt August Bernoulli um 1872: »Der Umstand, dass wir den wirklichen Namen weder des Schützen noch des Getöteten kennen, ist doch sicher kein Grund, um die Sache an sich zu bezweifeln.« Vgl. hiezu auch Robert Walser: »Ich bin zum Beispiel überzeugt, dass, um auf Wilhelm Tell zurückzukommen, der Schweizer, der die Freiheit liebt, dem eine verhältnismäßig interessante Behausung bewohnenden Landvogt viel zu verdanken hat, indem Letzterer Ersteren zu Taten usw. anspornte.«

26 Friedrich Schiller ging bei der Erfindung eines Fräuleins von Bruneck davon aus, der berüchtigte Vogt habe Gessler (oder Gesler) geheißen (was nicht stimmt) und infolgedessen Brunegg innegehabt. Trotzdem ist es nicht ausgeschlossen, dass es in Uri ein Fräulein von Bruneck oder Brunegg gegeben hat; nur spielte sie für den Schwurbund von 1291 keine Rolle und kommt in der *Urschweizer Befreiungstradition* nicht vor, weil sie den Waldleuten gegenüber keine Schandtaten beging.

Mythos Gotthard

Helmut Stalder

Der Gotthard ist eine Vorstellung. Selbstverständlich nutzen die Menschen das Gebiet seit Jahrhunderten als Passage. Sie überzogen es mit Trampelpfaden und Saumwegen, bauten Hospize und Kapellen, schlugen Stege und Brücken, sprengten Tunnel frei, legten Schienen, betonierten Straßen, höhlten den Fels für Kavernen und Kasematten. Sie zogen über den Sankt Gotthard in der Pilgerkutte, im Harnisch, im Kaufmannsgewand, in der Beamtenrobe, im Königsornat, im Kleid des Gelehrten und des Dichters. Sie brachten Güter und Wohlstand, Krieg und Verheerung, Botschaften und Ideen. Zu Fuß überquerten sie ihn, mit Schlitten, Karren und Kutschen, mit Automobilen, Motorrädern und Fahrrädern. Sie durchrasen ihn in Zügen, Autos und Lastwagen. Der Gotthard ist ein Pass, ein wichtiger sogar, aber das macht ihn nicht aus.

Der Gotthard ist voller Sagen und Legenden, Märchen und Schwänke, Fabeln und Parabeln. Einige sind uralt und variantenreich überliefert, andere sind erst vor Kurzem aufgetaucht oder gerade am Entstehen. Jede Erzählung trägt eine Bedeutung in sich und wirft ein Licht auf das Felsmassiv, sodass es aufscheint in vielen Facetten. Der Gotthard ist Projektionsfläche für Sehnsüchte, Kristallisationspunkt von Ängsten,

Kulminationspunkt von Interessen, Referenzpunkt von Strategien, Prüfstein für Überzeugungen, Ort der Überwindung und Stätte des Scheiterns, Pfad der Tugend und Schleichweg der Schwäche. Er wird beschworen als Symbol, gedeutet als numinoses Zeichen, entziffert als Hieroglyphe. Er tritt auf als Orakel und Prophezeiung, als Phantasmagorie und Wahn. Der Gotthard ist eine Idee, eine geistige Konstruktion. Er ist ein Mythos – in seinem Kern von einer kolossalen Konstanz, an seinen Rändern verwirrend nachgiebig und kaum fassbar. Der Gotthard ist ein Pass, selbstverständlich, aber erst die Bedeutungen, mit denen die Menschen ihn belegen, machen den Gotthard zum »Gotthard«.

Vielleicht war es bei mir am Anfang bloß der Klang des Namens – hundertmal gehört in Kindertagen, wenn ich auf dem alten Kurbelgrammofon des Großvaters die zerkratzte Platte mit Friedrich Schneebergers Lied vom letzten Postillion abspielen durfte: *Ich bin vom Gotthard …* – Kehrreim meiner Kindheit. Etwas Magisches ging von dem Namen aus, dunkle Assoziationen rief er hervor, von »Gott«und »hart« und von der »hohen Alpenwelt«. Mein erstes Bild zum Namen war Rudolf Kollers *Gotthardpost* von 1873. Eine Reproduktion des Gemäldes hing eine Weile im Kinderzimmer und musste entfernt werden, denn sie schreckte mich, weil ich mich mehr mit dem flüchtenden Kalb als mit dem peitschenden Fuhrmann auf dem Kutschbock identifizierte. Der Schrecken konnte halbwegs gebannt werden durch eine Rationalisierung, nämlich durch die Konfrontation der Kinderfantasie mit ebendieser gelben Kutsche, die ganz real und ziemlich verstaubt im Eingangstor des Schweizerischen Landesmuseums in Zürich steht.

Zur gleichen Zeit wurde mir die Sage vom Bau der Teufelsbrücke in der Schöllenen vorgelesen, aus einem beeindruckenden Wälzer im braunen Leineneinband. Unauslöschlich im Gedächtnis ist mir eine Zeichnung in dem Buch geblieben, die den krummnasigen Teufel zeigt, der jenseits der Brücke hockt, mit dem dürren Finger winkt und die Seele des Ersten, der sie überquert, als Lohn für den Bau verlangt. Die schlauen Urner übertölpeln ihn mit einem Geißbock. Dem Teufel misslingt die Zerstörung der Brücke; der Stein, mit dem er sie zerschmettern will, bleibt bei Göschenen liegen, und so war die Welt in Ordnung. Gleichwohl blieb die Geschichte schauerlich, denn die Sagenwelt war real und die Geschichte ein Tatsachenbericht über das Wirken des Bösen auf Erden und über den Triumph menschlicher Klugheit im Verbund mit Gott. Später las ich die Erzählung *Der Schmied von Göschenen,* in der ein Schmied die Schöllenen mit einem an Ketten aufgehängten Holzsteg bezwungen haben soll. Nicht minder wirklich erschien mir auch diese Legende, und ich integrierte ihre Botschaft von Mut, Beharrlichkeit und verdientem Erfolg ins eigene Weltbild.

In der Primarschule, nun schon abgeklärter, nahm man von einem anderen Gotthard Kenntnis, jetzt im Unterrichtsfach mit dem verlässlichen Namen »Realien«. Man erfuhr, methodisch sicher herangeführt mit den bewährten Schulwandbildern, von der herausragenden Stellung dieses Gebiets in Europa. Unvergesslich ist mir eine Szene in einem wackligen, feldgrauen Lehrfilm geblieben, die das Gotthardmassiv als Wasserscheide anschaulich machte: Europakarte, mittendrin die Schweiz, mittendrin der Gotthard, vier große Pfeile für Rhein, Rhone, Reuss und Ticino streben nach allen vier Himmelsrichtungen auseinander, dann – didaktischer Höhepunkt – mutiert das Ganze zum Schweizer Kreuz. Patriotische Gefühle im Keimstadium und noch ohne jede Brechung die Gewissheit: Wo wir sind, ist der Nabel der Welt.

Irgendwann hatte ich eine Vorstellung vom Gotthard, lange bevor ich selbst einen Fuß in das Gebiet gesetzt hatte. Mit der

Zeit kamen zur vermittelten Vorstellung eigene Erfahrungen hinzu. Etwa eine Bahnfahrt ins Tessin durch die Kehrtunnel von Wassen, die mir bereits als helvetisches Weltwunder nahegebracht worden waren. Das Experiment mit dem Pendel in den Tunnelspiralen, in einem Schuldiktat schon durchexerziert, ließ sich vor Ort wiederholen. Und auch die dreifache Ansicht des Kirchleins von Wassen nach jeder Tunnelwindung war tatsächlich zu haben, mitsamt den väterlichen Erklärungen. Selbst erlebt ist auch das Scheitern und spätere Gelingen einer Passtour mit dem Fahrrad, die ich mir als Jugendlicher als Initiationsritus auferlegt hatte. Ebenfalls der überhitzte Motor eines VW-Busses auf einer Fahrt ins Pfadfinderlager, der unsere Gruppe zu einer Pause mitten im Straßentunnel zwang und zu dem doch recht außergewöhnlichen Vergnügen führte, in einem nach Tannen duftenden Fluchtraum 1500 Meter unter dem Berg Tee zu kochen. Selbst erlitten ist sodann eine Verschiebung durch den Tunnel, in der Uniform der Schweizer Armee, zusammengepfercht mit anderen Rekruten auf der Ladebrücke eines rauchenden Saurer-Lastwagens, geplagt von Klaustrophobie und einem ganz unpatriotischen Brechreiz in der abgasschwangeren Luft. Und schließlich zählt zu den eigenen Erfahrungen eine Schießverlegung an den Lukmanier, den kleinen Bruder des Gotthards, in eine lausige Militärunterkunft, wo man fror und fluchte und lernte: Die Schweiz beschützen heißt ihre Pässe verteidigen.

Das sind individuelle Eindrücke, und sie wären nicht erwähnenswert, wären sie bloß individuell. Das sind sie nicht. Die persönlichen Erlebnisse sind zugleich kollektive. So oder ähnlich setzt sich der Gotthard bei den meisten Menschen, die in der Schweiz aufwachsen und leben, in die Biografie ein. Die Teufelssage und *Der Schmied von Göschenen* sind Volksgut wie das Lied vom letzten Postillion. Der Ausflug in die Schöllenen gehört seit Generationen zum Programm der Primarschulen. Nur ahnungslose Fremde versuchen nicht, dreimal aus verschiedenen Bahnfenstern »s Chileli vo Wasse« zu erspähen, das im Volksmund ausschließlich im Diminutiv und in genau dieser Formulierung existiert. Und nur unkundige Fremde können sich wundern hinter dem Lenkrad im Stau, weshalb gerade jener Felsbrocken am Eingang zum Straßentunnel es wert ist, die Fahnen von Uri und der Schweiz zu tragen – wogegen wir, die stillen Teilhaber der Sage, sogar den Abdruck zu finden wüssten, den des Satans Rücken auf dem Teufelsstein hinterlassen hat.

Der Gotthard ist ein kollektiver Erfahrungshintergrund. So wurde mir von weiteren Kinderzimmern berichtet, in denen Kollers *Gotthardpost* hängt, von Menschen, die als Jugendliche ebenfalls die Radtour absolviert hatten, und sogar von solchen, die sich noch als gestandene Männer regelmäßig mit diesem Aufstieg radelnd ihrer Mannhaftigkeit versichern. Es genügt das Stichwort, und reich sprudeln die Anekdoten: Eine Kollegin berichtet noch nach Jahrzehnten von dem Kindheitstrauma, als ihr auf einer Schulreise der Wind, es muss der gefürchtete Gotthardföhn gewesen sein, die gerade beendete Zeichnung der Teufelsbrücke davonwehte, von ebendieser Brücke hinunter in die Reuss, die in den Erzählungen immer rauscht und schäumt und niemals ein Rinnsal ist. Oder: Ein Bekannter erzählt, wie er vorzeiten als Soldat auf dem Gotthard in seiner Not Regenwasser aus einer Steinmulde schöpfte und seither weiß, zu welchen Verzweiflungstaten Verdurstende getrieben sein können. Oder: Der Freund eines Freundes, wandernd auf dem Pass angelangt, will es daselbst zustande gebracht haben, sein Wasser so abzuschlagen, dass die eine Hälfte ins Mittelmeer und die andere in die Nordsee floss. Gotthardgeschichten, Schweizer Geschichten.

Mythen sind Überlieferungen und Erzählungen aus der

Frühzeit einer Gemeinschaft, die berichten von der Entstehung der Welt, vom Wirken der Götter und Dämonen, von den Taten der Heroen. Es sind legendenhafte, sagenhafte Schilderungen von Sachverhalten, Begebenheiten und Personen, die die Gemeinschaft als wichtig empfindet. An ihrem Ursprung stehen oft reale Ereignisse, die dann in einen Sinnzusammenhang gebracht und in ein Bedeutungssystem integriert werden. Im Mythos tritt das Reale hinter das Bild zurück. Was vor Augen steht, ist ein nebulöses Kondensat, ein konfuses »Wissen«, das sich in einem unaufhörlich kreisenden Prozess aus einer Vielzahl von Assoziationen bildet.

Nicht alle Mythen sind althergebracht, und sie sind auch nicht ein für alle Mal gegeben. Sie können ihre Form ändern, in neuen Zusammenhängen aktualisiert, umgeschrieben und mit neuen Bedeutungen aufgeladen werden. Oder sie entstehen bei bedeutsamen Anlässen als moderne Mythen neu, oft auf altem Grund sich erhebend, von ihm zehrend und ihn wiederum befruchtend. Mythen sind nicht bloß Fiktionen. Sie sind aber auch nicht einfach wahr und unantastbar. Es sind Weltdeutungen, welche die Wirklichkeit überwölben, manchmal verklären und glorifizieren, manchmal verdunkeln und dämonisieren, die aber im Kern stets auf die Wirklichkeit bezogen sind. Ihr Wirkungspotenzial ist auch im Zeitalter der Rationalität ungebrochen. Ja, es scheint sogar, dass Mythen ihre Macht desto leichter entfalten, je weniger die Menschen ihre seelischen Bedürfnisse im rationalistischen Weltbild aufgehoben sehen und je brüchiger ihnen andere Wertesysteme vorkommen.

Mythen sind tief im kollektiven Unbewussten verankert, im aktuellen Denken der Menschen virulent und als gemeinsame, symbolkräftige Urbilder, als Archetypen, abrufbar. Ihre Funktionen sind vielfältig: Sie deuten wichtige Begebenheiten, künden von unseren Ursprüngen, begründen Riten und

Sitten, geben Aufschluss über unser Wesen, verbürgen Zugehörigkeit, stiften Identität, verschaffen Geborgenheit. Sie integrieren uns in einen kulturellen und sozialen Kontext und in eine Tradition, leisten Orientierung und gewährleisten Stabilität. Mythen, alte wie moderne, sind letztlich Ausdruck einer Suche nach Sinn und erfüllen damit gleichsam religiöse Funktionen. In ihnen werden historische oder als historisch angesehene Ereignisse zu zeitloser Gültigkeit erhoben. Indem Mythen die Welt als stimmigen Zusammenhang von Ursache und Wirkung, von Absicht und Erfüllung darstellen, halten sie der Gemeinschaft einen Sinn bereit. Sie geben ihr etwas zu verstehen. Ihre Deutungen der Welt und ihre Botschaften beanspruchen Geltung, denn sie behaupten, ein unbestreitbar »wahres« Wort zu beinhalten. Mythen sind imperativ. Ihr Charakter ist der des Aufrufs, des Signals, oft auch der Verkündigung. So errichten Mythen ein Glaubenssystem, das weltanschauliche Einstellungen und politisch-gesellschaftliche Zielsetzungen strukturiert. Mythen zielen auf ein Verhalten ab. Durch das gerundete Weltbild, das sie vermitteln, und ihren emotionalen Appell kann von ihnen eine große Faszination und eine kollektive Suggestivkraft ausgehen. Der Mythos zeigt dann seine visionäre Potenz, wird zum Vehikel der Willensbildung und ist imstande, die Menschen zu gemeinsamen Aktionen zu bewegen. Damit ist der Mythos verschwistert mit der Ideologie und verfügbar für die Propaganda.

Der Gotthard ist ein solcher Mythos, genauer gesagt, ein Sammelpunkt mythischer Vorstellungen, die das Selbstverständnis der Menschen in der Schweiz prägen und ihr Handeln beeinflussen. Unzählige Metaphern wurden im Lauf der Jahrhunderte um das Gebirge konstruiert: Berg der Mitte, Dach Europas, Knotenpunkt, Schwelle, Völkerstraße, Schicksalsweg, Wiege der Eidgenossenschaft, steinerne Seele der Schweiz, Keimzelle, Lötfuge, Lebensader, Faustpfand, Bollwerk, Fels in der Brandung der Weltgeschichte. Solche Vorstellungen sind nicht einfach falsch und auch nicht umstandslos richtig. Aber sie sind tief im kollektiven Bilderschatz aufgehoben und im Alltag präsent. Der Gotthard ist ein ständiger Bezugspunkt schweizerischer Selbstvergewisserung, er ist ein helvetischer Stammesmythos.

Am Gotthard haben sich die Schweizer entzweit und zusammengerauft, sind sie in sich gegangen und über sich hinausgewachsen. Am Gotthard versichern wir uns, woher wir kommen, wer wir sind und wohin wir wollen. Er ist der erratische Block in der geistigen Landschaft dieses Staates. Auch jetzt wieder, da dort mit dem neuen Bahnbasistunnel der längste Tunnel der Welt und das Jahrhundertbauwerk der heutigen Generation entsteht, auch jetzt wieder, da sich der Verkehr immer länger staut und laut die zweite Straßenröhre verlangt wird, behauptet sich im öffentlichen Diskurs die Macht des Mythos.

Wie kann man sein Wesen begreifen und sein Entstehen und Funktionieren darstellen? Es gibt im Grunde drei Arten, einen Mythos aufzunehmen. Man kann sich auf seinen Sinn einstellen oder auf seine Form oder auf die Mechanismen zwischen Sinn und Form. Fasst man den Sinn ins Auge, tritt man in die Rolle des Mythenerzeugers. Für ihn ist die Form das Instrument; im Bild stellt er den Sinn zur Schau. Mit dem Mythos konstruiert er ein bildhaftes Zeichen für die gemeinte Sache. Mythenerzeuger gab und gibt es am Gotthard zuhauf, und entsprechend monströs ist das geistige Gebirge, das sie im Lauf der Zeit aufgetürmt haben.

Der zweite Zugang führt über die Form. Wählt man diesen, geht man den umgekehrten Weg des Mythenbaumeisters. Man tritt in die Rolle des Mythenzertrümmerers. Dieser legt es darauf an, die Form aufzubrechen. Der Mythos ist für ihn Betrug. Er will ihn mit der Verve des Aufklärers entlarven und den mit dem Bild ins Unbewusste geschmuggelten Sinn ans Licht zerren. Die Form ist für ihn das Trojanische Pferd. Auch Mythenzertrümmerer gab es am Gotthard. Viele waren es nicht, und sie arbeiteten vor allem an der Demontage militärischer und patriotischer Mythen. Doch indem sie ihre »Sprengsätze« zündeten, gaben auch sie dem mentalen Gebirge Konturen.

Es gibt einen dritten Weg zum Mythos, jenen, der über die Mechanismen zwischen Sinn und Form vordringt. Man will wissen, wie der Mythos funktioniert, was er bewirkt und warum. Wählt man diesen Weg, ist man weder allein Mythenerbauer noch -zertrümmerer, sondern beides zugleich und damit ein Drittes: Man wird zum Leser des Mythos. Beim Mythenleser sind beide Haltungen präsent. Er erlebt ihn unmittelbar als ein Ganzes von Sinn und Form und erkennt ihn gleichzeitig als absichtsvolle Konstruktion. Für den Mythenleser ist der Mythos ein irreales und zugleich rationales Phänomen.

Der Gotthard ist eine Vorstellung. Er ist, was ihm an Bedeutung zugemessen wird.

Im Talgrund

Der Blick vom Vorplatz der St.-Gallus-Kirche von Wassen, etwas erhöht über dem Talgrund: Rechter Hand winden sich die Züge durch die Spiralen der Kehrtunnel bergauf und bergab, Personenzug um Personenzug, Güterzug um Güterzug, auftauchen, verschwinden, auftauchen, verschwinden im Siebenminutentakt, Tag und Nacht, zweihundert Züge in vierundzwanzig Stunden, dreiundsiebzigtausend im Jahr. Unten auf der Autobahn keuchen die Lastwagen im Konvoi die Nordrampe hoch und preschen hinunter, mindestens zweihundert jede Stunde, dreitausendfünfhundert an jedem gewöhnlichen Werktag, manchmal viertausendfünfhundert und mehr; 1,3 Millionen im Jahr. An den Lastwagen vorbei drängelt das Ameisenheer der Autos, Hundertschaften stündlich, zwölftausendfünfhundert an jedem normalen Wochentag, dreißigtausend an Spitzentagen, 5,5 Millionen Personenwagen jährlich. Eine Stunde auf dem Plateau der Kirche und man hat begriffen, was das heißt: die kürzeste Nord-Süd-Verbindung durch die Alpen. Die Vorteile der Strecke sind eklatant.

Am Gotthard laufen die großen Alpenkämme ineinander, die Berner und Walliser Alpen von Westen und Südwesten her, die Glarner und Bündner Alpen aus Osten und Südosten. Die Täler der Reuss und des Tessin schneiden so tief ins Alpenmassiv ein, wie es nirgendwo sonst der Fall ist. Auf allen anderen Routen muss man stets mehrere Pässe überwinden, der Gotthard ist der einzige Punkt, an dem sich der Alpenwall in einem einzigen Auf- und Abstieg in fast gerader Linie queren lässt. Nur fünfundsiebzig Kilometer Luftlinie sind es vom Südzipfel des Vierwaldstättersees zur Nordspitze des Lago Maggiore, lediglich fünfundfünfzig Kilometer liegen die ebenen Vorländer auseinander. Sieht man den heutigen Verkehr auf dieser Passage, wundert man sich, weshalb der Gotthard nicht schon in Urzeiten genutzt wurde. Als Nord-Süd-Verbindung trat er erst rund tausend Jahre nach den anderen Alpenpässen ins Dasein. Wollten die Römer nach Norden, nahmen sie im Osten die Via Claudia von Verona über den Reschenpass nach Augsburg, den Splügen, den Septimer oder den Julier. Im Westen nutzten sie den Mont Genèvre, den Mont Cenis, den Kleinen und den Großen Sankt Bernhard und den Simplon, wenn sie nicht von vornherein die Alpen umgingen. Wohl kannten sie den »Adula Mons« oder »Mons Elvelinus«, wie sie den Gotthard nannten. Aber über das Urserental weiter nach Norden reichte ihr Interesse nicht. Der Bäzberg und der Chilchberg am oberen Eingang der Schöllenen bildeten einen Riegel, der nur auf beschwerlichen Pfaden umgangen werden konnte – keine Routen für Truppen mit Sack und Pack. Selbst wenn die Öffnung der Schöllenen schon möglich gewesen wäre, der Gotthardweg wäre als Heerstraße ungeeignet geblieben.

Am Urnersee hätten die Armeen verschifft werden müssen, denn die Axenwand verhinderte ein Weiterkommen zu Lande. Ein Lokalverkehr über Furka, Urserental und Oberalp ergab sich in römischen Zeiten zwar, aber ohne rechten Nordanschluss blieb der Gotthard eine lokale Angelegenheit abseits der Weltpolitik. Und Uri war eine Sackgasse am Ende der Welt. Der Schriftsteller Carl Spitteler beschrieb die Situation in seinem Gotthardbuch von 1897 so: »Ja, wenn einmal jene Wand zwischen Urseren und Uri fiele oder überwunden werden könnte, sodass Uri zugänglich würde, dann wäre es mit einem Schlage etwas ganz anderes. Dann wäre der Gotthard ein internationaler Pass von Süden direkt nach Norden. Dort am Bäzberg und Teufelsberg bei Urseren an der Matt, dort lag das Gotthardproblem. Dort befand sich das Thor. Allein das Thor war von der Natur geschlossen und die Natur hatte den Schlüssel nicht danebengelegt. Den mussten Menschenwitz und Menschenkunst erst ausklügeln und anfertigen.«

Bis ins hohe Mittelalter machte sich indes niemand an dem Tor zu schaffen, erstaunlicherweise, denn für die deutschen Kaiser und Könige wäre der Gotthard als direkte Verbindung nach Rom wertvoll gewesen. Die Pässe im Westen und Osten waren immer strategische Faktoren, die die Territorialpolitik der Herrscher beeinflussten. So würde man erwarten, dass die Öffnung des Gotthardwegs schon früh zumindest versucht worden wäre. Aber kein Herrscher im alten Reich richtete sein Auge auf den Gotthard in der Absicht, ihn zu einer durchgehenden Passage zu machen. Der Gotthard lag im Dämmerschlaf, als Karl der Große seine Herrschaft um 800 bis nach

Mittelitalien erweitert hatte. Er schlummerte während der Italienfeldzüge des sächsischen Kaisers Otto des Großen und auch während der Eroberungskriege des Frankenkönigs Konrad II., der am entschiedensten von allen Großmachtpolitik als Passpolitik betrieb. Konrad III. von Hohenstaufen verlieh dann die Talschaften Livinen und Blenio den königstreuen Lenzburgern. Dies deutet auf ein gesteigertes Interesse an den Südausgängen von Lukmanier und Gotthard hin. Aber die Öffnung des zentralen Gotthardwegs ist auch in der zweiten Hälfte des 12. Jahrhunderts, als der Staufenkaiser Friedrich I. Barbarossa die Kirche dem Königtum unterwerfen und Italien ins Reich integrieren wollte, als strategische Option nirgends dingfest zu machen.

Warum der Gotthard so lange im Schatten der Geschichte dahindämmerte, darüber kann man nur rätseln. Hatten die Kaiser und Könige keinen Bedarf? Fehlten ihnen die technischen Fähigkeiten oder scheuten sie nur den Aufwand? Sahen sie die strategische Bedeutung nicht? Oder nahmen sie die weltverlassene Gegend einfach zu wenig wahr? Als Vision, wie Spitteler suggeriert, hat der Gotthardweg in den Köpfen der Großen der damaligen Welt nicht existiert. Es scheint, als habe er jenseits des Vorstellbaren gelegen. Er trat erst ins Bewusstsein der Mächtigen, als er eine Tatsache war.

»Nur die ergangenen Gedanken haben Wert«, hat der Alpenfreund Nietzsche einmal gesagt. Und so ist ein Marsch auf den alten Saumpfaden durch Uri hinauf zur Passhöhe wohl das Richtige, um sich dem Gotthard zu nähern. Wer das auf sich nimmt, wandert auf geschichtsschwerem Grund. Schon in Flüelen weiß man sich an einer bedeutenden Stelle. Hier war der wichtigste Umschlagplatz der Route, wo die Waren nach Luzern und Küssnacht verschifft wurden. Der Turm der Familie Rudenz, die einst Zoll- und Sustrecht innehatte, markiert heute herausgeputzt den Beginn der Axenstraße. Am

Hafen orgelt der Wind in der Eisenplastik »Schwurhände«, die Werner Witschi für die Landesausstellung 1964 schuf, und man spürt den Sog des Gotthards.

Jeder Schritt aufs Gebirge zu führt tiefer in die Geschichte. Es ist schon richtig, dass einer der »Wege der Schweiz«, eröffnet 1991 zur 700-Jahr-Feier der Eidgenossenschaft, dem Saumpfad folgt. Heute ist die historische Route Meter für Meter kartiert und ausgeschildert. Jede Brücke, jedes Wegkreuz, jede Kapelle, jeder Turmstumpf ist amtlich inventarisiert, im Reiseführer aufgelistet und für den heimatkundlichen Handgebrauch zurechtgemacht. Was auffällt beim Abschreiten der Geschichte? Wie sehr das Tal seit jeher nach der Längsachse ausgerichtet ist. Die Reuss zeichnete sie vor, der Saumweg folgte der natürlichen Richtung. Die Straßen, die Schienenstränge und die Autobahn haben diese Geometrie noch einmal in die Landschaft gestanzt. Die mittelalterlichen Überbleibsel erzählen alle die gleiche Geschichte, die Geschichte von Handel, Wohlstand und Macht. In der Ebene zum See erheben sich das Steinhaus des zähringischen Adelsgeschlechts Attinghausen-Schweinsberg und die Ruine ihrer Burg. Uri unterstand seit 1098 als Teil der Reichsvogtei Zürich den Herzögen von Zähringen. Bis 1200 siedelten sie Adlige aus ihrem Stammgebiet an der Emme und der Aare in Uri an. In Silenen steht auch noch der Turm der Meier, die den Besitz der Zürcher Fraumünsterabtei verwalteten. Daneben stößt man auf die Kapelle der vierzehn Nothelfer und auf die Sust, wo die Säumer der Strecke Göschenen–Silenen die Ware jenen von Flüelen übergaben. Am bedeutendsten unter den zähringischen Gefolgsleuten waren die Rapperswiler. Sie amteten als Untervögte, bis die Zähringer 1218 ausstarben. Dann fiel die Herrschaft über Uri ganz an Rapperswil.

Im Schwarzen Löwen zu Altdorf

Johann Wolfgang von Goethe

Sonnabend, den 30. September. Schwyz, schöner Anblick des völlig grünen, mit hohen zerstreuten Fruchtbäumen und weißen Häusern übersäten Landes, die steilen dunkeln Felsen dahinter, an denen die Wolken sinkend hinstrichen. Die Mythen und übrigen Berge waren klar, der Himmel blickte an verschiedenen Orten blau durch, einige Wolken waren von der Sonne erleuchtet. Man sieht einen Streifen des Vierwaldstädter Sees, beschneite Gebirge jenseits; der Eingang ins Muotatal aus dem Tal von Schwyz erscheint links. Die Heiterkeit der Nebel war ein Vorbote der Sonne. Unaussprechliche Anmut, sobald nur einzelne Sonnenblicke hier- und dahinstreifen. Kein Besitztum ist mit einer Mauer eingeschlossen, man übersieht alle Wiesen und Baumstücke. Die Nussbäume sind besonders mächtig.

Betrachtung über die Lage des ganzen Kantons, bezüglich auf politische Verhältnisse.

Sie rechnen hier nach Münzgulden, die Karolin zu dreizehn Gulden.

Um ein Viertel auf neune gingen wir bei heiterm Sonnenschein ab, herrlicher Rückblick auf die ernsten Mythen. Von unten lagen sie im leichten Nebel und Rauchdunste des Ortes, am Gipfel zogen leichte Wolken hin.

Erst gepflasterter Weg, dann ein schöner gleicher Fußpfad. Hölzerne Brücke über die Muota, flache große Weide mit Nussbäumen, rechts Kartoffel- und Kohlbau. Hübsche Mädchen mit der Mutter auf den Knien, Kartoffeln ausmachend. Granitblöcke in den Mauern. Schöne fortdauernde eingeschlossene Fläche, kleiner vorliegender Hügel schließt das Tal nach dem See zu, von beiden Seiten fruchtbarer Abhang nach der Muota zu. Kirche von Brunnen auf Kalk und schiefrigem Ton. Das Tal verbreitet sich rechts, die Wiesen sind wegen der Tiefe schon saurer. Wir sahen Kühe, zu ihrer Reise über den Gotthard, beschlagen. Bei einer Sägemühle ist ein schöner Rückblick.

Wir kamen nach Brunnen und an den See in einem schönen Moment; wir schifften uns ein. Nackte Kalkflöze, die nach Mittag und nach Mitternacht einfallen und sich gleichsam über einen Kern, auf dem sie ruhen, hinlegen. Die großen Flöze teilen sich wieder in kleinere, die sehr zerklüftet sind, sodass der Felsen an einigen Orten wie aufgemauert erscheint. Der Teil des Sees nach Stans zu verschwindet. Freiheits-Grütli. Grüne des Sees, steile Ufer, Kleinheit der Schiffe gegen die ungeheuern Felsmassen. Schwer mit Käse beladnes Schiff. Waldbewachsne Abhänge, wenige Matten, wolkenumhüllte Gipfel, Sonnenblicke, gestaltlose Großheit der Natur. Abermals nord- und südwärts fallende Flöze, gegen Grütli über. Links steile Felsen. Konfusion der Flöze hüben und drüben, die selbst in ihren Abweichungen korrespondieren. Kleine Kirche, links Sisikon. Tal hineinwärts, erst gelinde ansteigende, dann steile Matten. Angenehmer Anblick der Nutzbarkeit zwischen dem Rausten. Die Seelinie macht das Ganze so ruhig. Schwanken der Bergbilder im See. Gegen Platten ist eine schöne Stelle, erst kahler Fels und Steinrutsche, dann anmutige, nicht allzu steile Matten mit schönen Bäumen und Büschen umgeben, Felsen bis auf ihre höchsten Gipfel bewachsen.

Es begegneten uns Schiffe, welche Vieh transportiert hatten; wir fliegen aus in Tells Kapelle. Wenn man die gegenüberstehenden Felsen, aus der Kapelle, gleichsam als ein geschlossenes Bild sieht, so geben sie gleich einen andern Anblick. Freitag nach Himmelfahrt wird da gepredigt, die Zuhörer sitzen in Schiffen. Man fährt abermals an einer Felsenecke vorbei, und blickt nun ins Urner Tal. Nach einem ungeheuern steilen Felsen folgen niedere Matten. Man sieht Flüelen, schönste Alpe herwärts von demselben; hinterwärts sieht man ins flache Tal von steilen Gebirgen umgeben.

Wir gingen gegen Altdorf. Hinter Flüelen schöne Wiesen, rastende Kühe, Plattenweg, Kieselbreccie mit Löchern, ingleichen eine feinere; man findet eine in die andere übergehend. Schwalbenversammlung auf den Weiden.

Altdorf. Wir logierten in dem Schwarzen Löwen.

Artige Türschlösser, die man von außen aufstößt und von innen aufzieht.

Kastagnettenrhythmus der Kinder mit Holzschuhen.

Der Ort selbst mit seinen Umgebungen erscheint im Gegensatz von Schwyz, er ist schon stadtmäßiger, und alle Gärten sind mit Mauern umgeben. Ein italienisches Wesen scheint durch, auch in der Bauart, so sind auch die untern Fenster vergittert; die starke Passage scheint solche Vorsicht notwendig zu machen. Hübsche Art das kurze Grummet in Netzen einzufassen.

Ton der großen Glocke der läutenden Kühe. Schellen der Maultiere.

Sonntag, den 1. Oktober.

Altdorf. Regenwolken, Nebel, Schnee auf den nächsten Gipfeln. Kühe wurden durchgetrieben. Die Leute tragen kleine hölzerne Gefäße, die Tiere einige Melkstühle; denn die Leute nähren sich unterwegs von der Milch.

Der Wirt zum Schwarzen Löwen heißt Franz Maria Arnold.

Höflicher Abschied, Schein wechselseitiger Zufriedenheit, Weltgleichnis.

Halb neune gingen wir ab. Schöne Matten rechts und links. Nebelwesen; man weiß nicht, ob sie steigen, sinken, sich erzeugen oder verzehren, wegziehen oder sich herabstürzen. Herrliche Felswände, Kalk.

Breite klare Quelle, Sonne, blauer Himmel durchblickend, an den Bergen Wolkengebilde. Kindergeschrei aus der Höhle. Steile Kalkfelsen links bis auf die Wiese herab, wie vorher bis auf die Oberfläche des Sees. Rückwärts und niedrig erschien ein fast horizontales Stück eines sehr breiten Regenbogens. Das Zickzack der Felslager erscheint wieder. An die Reuss. Granitgeschiebe. Artig bemalte, saubere Kirche mit einem Jagdwunder, ungefähr wie des heiligen Hubertus.

Rastende Kühe auf der Weide. Sechzehn Stück kosten ungefähr einen Louis d'or des Tags.

Zusammengestürzte Massen Gneis. Man geht von der Straße ab und kommt auf einen meist angenehmen bequemen Fußpfad bis zum Steg.

Bisher hatte das Tal meist gleiche Weite; nun schließt ein Felsstock die eine Hälfte ab, er besteht aus einem sehr quarzhaften Glimmerschiefer.

Nachmittag war das Wetter völlig schön. Gleich hinter dem Orte kommt das Wasser aus dem Maderaner Tal; man sieht einen Pilger- und Mineralogenweg den Berg hinaufgehen.

Wir traten unsern Weg nach dem Gotthard an. Schiefriges Talkgestein. Etwas höher schöner Rückblick nach dem Steg. Eigentümlicher Charakter der Gegend. Der Einblick hinaufwärts verkündigt das Ungeheure. Um halb vier war die Sonne schon hinter dem Berge. Erster Wasserfall, zweiter schönerer. Grünlich Gestein mit viel Glimmer, Granit, schöner Wasserfall, etwas Baumtrocknis. Herrlicher Blick auf die Reuss, an einer alten Fichte und einem großen Felsen vorbei. Immer Granit, mit Talk gemischtes Quarzgestein. Prächtiger Rückblick in die hinabstürzende Reuss. Die Felsmassen werden immer ganzer, ungeheurer. Echo, sehr schlechter Weg, flacheres Bette der Reuss. Brücke. Zweite Brücke. Nacht. Von der Höhe Rückblick in die Tiefe; die Lichter in den Häusern und Sägemühlen nahmen sich, in der ungeheuern nächtlichen Schlucht, gar vertraulich aus. Die Herrlichkeit des Herrn nach der neusten Exegese. Wassen.

Alte Wirtin, ihre Familiengeschichten sowie ihre Geduldslehre.

Montag, den 2. Oktober.
Wassen. Früh sechs Uhr, war es klar in der Nähe, Nebel an den Höhen, bald Anzeichen des blauen Himmels, und der durchdringenden Sonne.

Um sieben Uhr ab, die Nebel zerteilten sich, Schatten der Berggipfel in den Wolken. Karge Vegetation, horizontale Wolkensoffitten, unter Wassen, grüne Matten mit Granitblöcken und geringen Fichtengruppen. Schöner mannigfaltiger Wasserfall, erst kleine Absätze, dann ein großer, dann teilt sich das Wasser in die Breite, sammelt sich wieder in der Mitte, und trennt sich wieder, bis es endlich zusammen in die Reuss stürzt. Brücke; Wasserfall über Felsen, die noch ganz scharfkantig sind; schöne Austeilung des Wassers darüber. Man ist eigentlich in der Region der Wasserfälle. Betrachtung, dass der Vierwaldstädter See auch darum einen sehr ruhigen Eindruck macht, weil kein Wasser in denselben hineinstürzt.

Alles sieht fast grau umher aus, von zerstreutem Granit, verwittertem Holz und grau gewordnen Häusern; man sieht noch etwas Kartoffelbau und kleine Gärtchen. Granitwände unzerstörlich scheinend. Verwitterter Granit. Brücke. Die Steine derselben, die Felsen, besonders die, welche das Wasser bei hohem Strome bespült, hellgrau; Nebel, gleichsam als Gehänge über das Tal hin, Sonne an den Gipfeln, rechts die Berge durch die leichten Nebel, die sich an ihnen hinziehen, noch erleuchtend. Pflanzen werden immer dürftiger, man kommt noch vor einem ansehnlichen Wasserfall vorbei, an den Höhen sieht man durch den Nebel lange Wasserstreifen sich herunterbewegen. Granitfelsen wie aufgebaute Pyramiden, ganz glatte Wände der losen Felsstücke, Obeliskenform. Vorwärts steiles Amphitheater der Schneeberge im Sonnenlichte.

Nach acht Uhr waren wir in Göschenen. Starker Stieg. Maultierzug. Man hatte kaum den Weg, der durch einen großen Sturz von Granitblöcken versperrt gewesen war, wieder aufgeräumt, durch Sprengen und Wegschaffen derselben. Die Holz schleppenden Weiber begegneten uns: sie erhalten im Urseren Tal sechs gr. für die Last, das Holz kostet sie drei gr. bei Göschenen, die andere Hälfte ist ihr Tragelohn. Sturz der Reuss in großen Partien. Brücke. Inschrift in Granit dabei, Schricker; wahrscheinlich der Vorgesetzte beim Brückenbau. Das Tal Urseren baut den Weg fast bis Göschenen. Sonderbare Aussicht in die Tiefe rückwärts: Kühe und Holzträgerinnen stiegen herauf, Nebel zugleich mit. Granitwände, die trocknen Stellen sehen grau, die feuchten violett aus. Zum ersten Mal beschien heut die Sonne unsern Weg und die durch ungeheure Granitblöcke schäumende Reuss. Aufgeräumte, vor Kurzem verschüttete Straße. Die Nebel zogen schnell die Schlucht herauf und verhüllten die Sonne. Harter Stieg. Vogelbeerbaum, mit den schönsten Früchten. Wir ließen die Kühe an uns vorbei. Fichten verschwinden ganz, Teufelsbrücke, rechts ungeheure Wand, Sturz des Wassers, Stieg, Sonne, Nebel, starker Stieg, Wandsteile der ungeheuern Felsen, Enge der Schlucht, drei große Raben kamen geflogen, die Nebel schlugen sich nieder, die Sonne war hell. Urner Loch, Urner Tal, ganz heiter, die flache grüne Wiese, die Urserener Kirche, Hospental mit seinem alten Turm, völlig wie vor alters, der Schnee ging nicht ganz bis an die Wiese herab. Weidendes Vieh, die Berge hinter Realp waren völlig beschneit, unten vom grünen vorstehenden Abhang, oben vom blauen Himmel begrenzt. Schon war alle Mühe vergessen, der Appetit stellte sich ein. Glimmerschiefer zeigte sich an allen Seiten, Jade in einer Mauer. Schlitten mit Käse durch den Schmutz fahrend, Bächlein zur Wässerung, übermäßige Düngung der Matten. Granit mit viel Feldspat, aber noch immer sich zum blättrigen neigend. Brücke über die Reuss. Hospental, Zum goldnen Löwen oder der Post eingekehrt.

Dienstag, den 3. Oktober.
Um halb neune von Hospental aufwärts. Glimmerschiefer mit vielem und schönen Quarz, den ersten Schnee neben uns, schöner breiter gleichförmiger Wasserfall, Glimmerschieferplatten stürzen gegen den Berg ein, über die denn das Wasser hinüberströmen muss, schöne Sonne. Kahles leeres Tal, abhängige abgewitterte Seiten. Ultramarin zu dreißig Skudi. Ungeheuere ganz glatte Wände des blättrigen Granites, große Massen, Platten und Blöcke desselben Gesteines, Wasserfall, ganz heiterer Himmel. Wir nahten uns nun nach und nach dem Gipfel. Moor, Glimmersand, Schnee, alles quillt um einen herum. Seen.

Ich fand den Pater Lorenz noch so munter und guten Mutes als vor zwanzig Jahren. Seine verständigen und mäßigen Urteile über die gegenwärtigen Verhältnisse in Mailand. Stammbuch eingeführt seit einigen Jahren. Jost Has, ein junger Mensch von Luzern, künftig zum Postboten bestimmt, acht Monate beim Pater wohnhaft. Mineralienhandel der Köchin, große Menge Adularien. Erzählung, wo sie solche hernimmt. Mineralogische Moden: erst fragte man nach Quarzkristallen, dann nach Feldspäten, darauf nach Adularien und jetzt nach roten Schörlen (Titanit).

Nach Tische gingen wir wieder herunter und waren so leicht und bald in Hospental, dass wir uns verwunderten und der Bergluft diese Wirkung zuschrieben.

Nach der Observation eines gewissen Johnston, die in des Kapuziners Buch eingeschrieben ist, soll das Kloster 46'33"45"' nördlicher Breite liegen.

Im Heruntergehen bemerkten wir eigens zackige Gipfel hinter Realp, die daher entstehen, wenn die obersten Ende einiger Granitwände verwittern, die andern aber stehen bleiben. Das Wetter war ganz klar. Aus der Reussschlucht, von der Teufelsbrücke herauf, quollen starke Nebel, die sich aber gleich an den Berg anlegten.

Mittwoch, den 4. Oktober.
Um halb neune von Hospental ab. Völlig klarer Himmel ohne eine Spur von Wolken, es war frisch, ein wenig Reif war gefallen; über Urseren, wo die Sonne hinschien, zog ein horizontaler leichter Duft. In Urseren besuchten wir die Kabinette des Landammann Nagers und Dr. Halters. Von ihren Kabinetten siehe ein mehreres Fol.... Auch ist ein Spezereihändler, Karl Andreas Christen daselbst, der mit Mineralien handelt; wollte man an sie schreiben, so müsste man nicht versäumen Urseren an der Matt auf die Adresse zu setzen. Wir kehrten in den Drei Königen ein, aßen zu Mittag, der Wirt heißt Meyer. Als wir wieder gegen die Teufelsbrücke kamen, stiegen feuchte Nebel uns entgegen, vermischten sich mit dem Wasserstaub, sodass man nicht wusste, woher sie kamen und wohin sie gingen. Gleichheit der Steinart. Das Ungeheuere lässt keine Mannigfaltigkeit zu. Schnee, der die Vögel in die Schlingen jagt. Maultierzug. Ton des Kühhornes. Mist für ein Rittergut auf dem Wege zerstreut und verderbt. Bei Göschenen ein schö-

ner Sonnenblick, das Seitental herein. Nebel und Wolken vermehrten sich an den Gipfeln, unter Wassen hingen sie schon soffittenmäßig. Wir kehrten wieder am Zoll ein. Fünf Franzosen des Nachts.

Donnerstag, den 5. Oktober.
Früh um sieben Uhr von Wassen ab. Oben war der Nebel schon verteilt, wir kamen wieder in denselben hinab. Sonderbarer Anblick der Gebirge in Nebel als ganz flacher Massen. Resoluter Wasserfall. Allgemeine Klage, dass die Bauern so geldgierig wären. Ähnlichkeit der Weiber. Reise als Halbroman zu schreiben. Scherz über so viele halbe Genres. Wir kamen wieder in die Region der Nussbäume, und nahmen im Gasthof Zum Stern am Steg wieder etwas zu uns, und gingen nachher den Fußweg gegen Altdorf. Wasser- und Brotgelübde der geizigen Wirtin. Grüne Farbe des Wassers mit dem Grünen des durchscheinenden Talkes verglichen, Orangenfarbe des abgehauenen Erlenstocks. Schwaches Brett am Stieg, das gebrochen war, inzwischen wir abwesend gewesen. Anmutige Gegend an der Reuss. Naiver Ausspruch: Es ist gut, aber es gefällt mir nicht. Gneis, Zickzack des Kalkes, nur im Großen. Es ist ein Fehler bei Fußreisen, dass man nicht oft genug rückwärts sieht, wodurch man die schönsten Aussichten verliert.

Wir kamen wieder zur Kirche an der Jagdmatt, Jäger und Hunde knien vor dem Hirsch, der eine Veronika zwischen dem Geweihe hat. Die Kirche war offen und geputzt, niemand weit und breit, der darauf achtgehabt hätte. Begriff von geistlicher und weltlicher Polizei. Der Glimmerschiefer geht noch weit ins Tal hinunter auf beiden Seiten. Der Charakter des Gebirge zeigt zugleich an, wo der Kalk anfängt. Beschneite höhere Gebirge in der Nähe. Frage, ob das Schneeniveau mit dem Urseren dasselbe sei. Über Verkürzung des Wegs und Verbreiterung der Plätze in Gedanken. Geschichte des Jägers, der einen Mann statt der Gämse erschoss: Zur Strafe war ihm verboten, zehn Jahre kein Gewehr zu führen. Gämsen kommen noch öfters vor, es ward eben eine ausgehauen. Murmeltierfelle hatten wir in Hospental gesehen. Kleine Vögel werden unzählig in Schlingen gefangen. In Altdorf verzehrten wir ein gutes und wohlbereitetes Berghuhn.

Freitag, 6. Oktober.
Wolken auf den Bergen in Klippenform. Unter verschiedenen theoretischen Gesprächen gingen wir von Altdorf zeitig ab und kamen zum See. Um neun Uhr ab. Leichtes Gebäude der Schiffe, es hält eins nur drei Jahre. Die größten Stürme erregt der Föhnwind, der im Frühjahr, besonders aber im Herbst über die Berge von Mittag kommt; es entstehen große Wellen und Wirbel. Die Bagage der Reisenden wird auf das Vorderteil der Schiffe gelegt, so wie man sich überhaupt mehr vorwärts setzt. Kleiner Fußtritt des Steuermanns. Es ward von Gämsen und Lawinen gesprochen. Wir kamen der Axe Flue näher; ungeheuere Felswand und Halbbucht, dann folgt eine zweite etwas tiefere, dann die Platten. Das Steuerruder ist, wie die andern, nur mit einem leichten Ringe von Schlingholz befestigt. Die Beleuchtung war schön, die Kapelle lag im Schatten, die Kronalp im Lichten; sie wird wegen der Krone von Flözen auf ihrer Höhe so genannt. Matten, Wald, Abhang und Steile. Alles Menschenwerk, wie auch alle Vegetation, erscheint klein gegen die ungeheuren Felsmassen und Höhen.

Wir fuhren nun quer über den See nach der linken Landspitze zu. Die Schwyzer Mythenberge erscheinen wieder. Ein Reiher flog auf. Wir kamen am Rütli vorbei. Kurz vor der Ecke sind Flöze wie Mauerwerk und Türme. Den See hinauf wars trübe, und die Sonne stach. Gegen Brunnen über die Ecke anmutig überhängende Bäume. Man sah die Mythen in völliger Breite, Brunnen, einen Teil der Landbucht von Schwyz, die schönen nicht allzu steilen Matten der Schwyzer rechts am See. Wir hielten uns an der linken Seite. Ein Wirtshaus steht in Fels und Waldgebüsch, am See. Wir nahmen Piemonteser Soldaten und Luzerner Frauen ein. Man sah Beckenried von Weitem, Pilatusberg in Wolken. Es entstand ein Gegenwind, wir kamen an der Grenze von Uri und Unterwalden vorbei, die sehr leicht gezeichnet ist.

Hier ist der Anblick vorwärts mannigfaltig, groß und interessant: Das linke Ufer ist waldig und schön bewachsen, man sieht Beckenried an einem fruchtbaren Abhange eines Berges liegen, dessen steiler Gipfel nach und nach sanft bis in die Mitte des Bildes abläuft; hinter diesen schön bewachsnen Strichen ahndet man die Fläche von Stans. Der wolkenbedeckte Pilatus blickte hervor; alsdann sieht man den Bergrücken, der, teils fruchtbar, teils mit Holz bewachsen, Unterwalden nordwärts, gegen den Luzerner See begrenzt. Rechts liegt Gersau, und bald sieht man die Enge, durch die der See seine Wendung nordwestwärts nimmt.

Eine beliebte Apfelsorte wird in dieser Gegend Breitacher genannt; die Italiener nennen sie Melaruzzi.

Näher Beckenried sahen wir die Seiten des Rigi in den Wolken, der Gipfel war klar. In der Entfernung vom See sahen wir Weggis, einen Ort, der durch einen langsam vorschiebenden Kiesboden, nicht etwa durch einen Felsensturz, vor kurzer Zeit von der Stelle geschoben wurde. Das Schieben des Erdreichs, wobei alles zugrunde ging, was sich auf der Oberfläche befand, dauerte vierzehn Tage, sodass die Leute ihre Häuser abtragen und das Holz wegschaffen konnten. Ein Haus wurde dergestalt herumgedreht, dass es jetzt nach einer andern Seite hinsieht. Man fängt wieder an zu bauen. Man sieht nun Beckenried näher. Die Gegend bleibt ungefähr, wie sie oben beschrieben worden, nur dass die Proportionen und Distanzen sich verändern.

Wir langten um halb ein Uhr an, und gingen den Fußpfad nach Stans. Es ist der angenehmste Weg, den man sich denken kann. Er geht unmittelbar am See hin, und steigt sanft in die Höhe durch grüne Matten, hohe Nuss- und andere Fruchtbäume und reinliche Häuser, die an dem sanften Abhang liegen, dessen oben gedacht ist. Wir kamen über eine breite Steinrütsche, die durch einen Giesbach heruntergeschoben worden; es hat diese Naturwirkung schon viel gutes Terrain weggenommen, und wird noch mehr wegnehmen. Die Landleute haben ein fremdes Ansehen, sie sind wohlgebildet, aber blass; der feuchte Boden setzt sie Skrofel- und Hautkrankheiten aus. Der See macht nun hier einen Busen gegen ein niedriges Land zu, dieses ist, nordwärts, durch die Mittagsseite eines sanft abhängenden Berges begrenzt, welcher sehr gut bebaut ist. Die Bäume hingen voll Obst, die Nüsse wurden abgeschlagen. Die Bucht endigt sich mit flachen sumpfigen Wiesen. Wir kamen durch Buochs, wobei ein Landungsplatz für diese Seite ist. Landleute mit Hanf beschäftigt. Schön gepflasterter Weg über eine Höhe, zwischen Matten, auf welchen Kühe schwelgten. Dergleichen Matten werden im Frühjahr abgeätzt, und wenn das Heu gemacht ist, wachsen sie abermals stark genug, dass die Kühe bis auf den Winter hinreichende Nahrung finden. Man kommt durch ein schmales Tal, zwischen eingezäunten Matten, und endlich auf die schöne, völlig ebene Fläche, worauf Stans, nicht zu nahe von hohen Bergen umgeben, liegt. Wir traten im Gasthof Zur Krone ein, welcher der Kirche gegenüber auf einem hübschen Platze liegt. In der Mitte steht ein Brunnen, auf dem der alte Winkelried mit den Speeren im Arm gestellt ist. Niklaus von der Flüe hing in der Stube. Auf gemalten Fensterscheiben waren über verschiedenen Wappen die Hauptmomente der Schweizer Chronik aufgezeichnet. Wir lasen in einem Buche: Kleiner Versuch einer besondern Geschichte des Freistaats

Unterwalden. Luzern 1789. In der Dedikation der sonderbare Titel: Helvetisch großmächtige.

Heilige, Helden, Staatsleute und Frauen aus der Geschichte des Landes.

Sonnabend, den 7. Oktober.
Stans. Früh Nebel; doch der Schein der Morgensonne hie und da auf den Berggipfeln. Gegen acht Uhr ab; flache Matten zwischen Bergen, man glaubt zu sehen, wie der ehemals höhere See hier hereingewirkt und das Erdreich zubereitet; gegen Stansstad wird es sumpfiger. Am Landungsplatze selbst ist rings herum die Ansicht gar angenehm. Wegen der mannigfaltigen Berge, Buchten und Arme des Sees, die man sieht oder ahndet. Schöne Sand- oder graue Wackenplatten lagen am See, hierher aus dem Luzernischen transportiert. Die Mädchen haben auf den kleinen Strohhüten vier Schleifen, wechselsweise rot und grün. Wir fuhren ab, es war etwas neblig. In der Mitte des Kreuzes, das der See bildet, ist der Anblick höchst interessant, der Charakter der Ufer variiert nach allen Seiten. Luzern liegt in seiner Bucht, umgeben von sanften fruchtbaren Höhen, welche sich rechts an dem Ufer des Arms, der nach Küssnacht hineinreicht, erstrecken. Blickt man nordwärts nach Küssnacht, so liegt rechts ein artiges Vorgebirge, von mannigfaltiger Gestalt, das gut bewachsen und bebaut ist. Ostwärts ist das Wasser zwischen steilen und dunkelbewachsnen Wänden eingefasst, und die Spitze von Gersau scheint nur einen geringen Durchgang in den obern Teil des Sees zu lassen. Südwärts sieht man nun den berühmten Wartturm von Stansstad, den kleinen Ort auf seiner Fläche, umgeben von den mannigfaltigsten Gebirgen und Vorgebirgen, hinter denen südwestwärts der Pilatus hervorsieht.

Wir sahen uns überall nach dem Raynaldischen Monument um, aber vergebens; man wies uns den Felsen, wo es gestanden hatte. Durch die Zuleitung des goldnen Knopfs auf der Spitze, ward es vom Gewitter getroffen, beschädigt und abgetragen.

Wir fuhren an dem artigen Vorgebirge vorbei; es besteht aus sehr neuen Kalk- und Tonflözen. In Stans, so wie in Uri, ziehen sie Birnen an den Häusern; wir hatten einige vom erstern Ort mitgenommen, die von einem unglaublichen Trieb des Saftes aufgeschwollen waren, sodass die Epiderm in Höckern ausgetrieben ist, ja sogar der Stiel saftige Exantheme an sich hatte.

Die Urschweizer: viel Wade, wenig Gehirn

Friedrich Engels

Endlich also wird dem unaufhörlichen Großprahlen von der »Wiege der Freiheit«, von den »Enkeln Tells und Winkelrieds«, von den tapferen Siegern von Sempach und Murten ein Ende gemacht werden! Endlich also hat es sich herausgestellt, dass die Wiege der Freiheit nichts anders ist als das Zentrum der Barbarei und die Pflanzenschule der Jesuiten, dass die Enkel Tells und Winkelrieds durch keine andern Gründe zur Räson zu bringen sind als durch Kanonenkugeln, dass die Tapferkeit von Sempach und Murten nichts anders war als die Verzweiflung brutaler und bigotter Bergstämme, die sich störrisch gegen die Zivilisation und den Fortschritt stemmen!

Es ist ein wahres Glück, dass die europäische Demokratie endlich diesen urschweizerischen, sittenreinen und reaktionären Ballast loswird. Solange die Demokraten sich noch auf die Tugend, das Glück und die patriarchalische Einfalt dieser Alpenhirten beriefen, so lange hatten sie selbst noch einen reaktionären Schein. Jetzt, wo sie den Kampf der zivilisierten, industriellen, modern-demokratischen Schweiz gegen die rohe, christlich-germanische Demokratie der Viehzucht treibenden Urkantone unterstützen, jetzt vertreten sie überall den Fortschritt, jetzt hört auch der letzte reaktionäre Schimmer auf, jetzt zeigen sie, dass sie die Bedeutung der Demokratie im 19. Jahrhundert verstehen lernen.

Es gibt zwei Gegenden in Europa, in denen sich die alte christlich-germanische Barbarei in ihrer ursprünglichsten Gestalt, beinahe bis aufs Eichelfressen, erhalten hat, Norwegen und die Hochalpen, namentlich die Urschweiz. Sowohl Norwegen wie die Urschweiz liefern noch unverfälschte Exemplare jener Menschenrasse, welche einst im Teutoburger Wald die Römer auf gut westfälisch mit Knüppeln und Dreschflegeln totschlug. Sowohl Norwegen wie die Urschweiz sind demokratisch organisiert. Aber es gibt verschiedenerlei Demokratien, und es ist sehr nötig, dass die Demokraten der zivilisierten Länder endlich die Verantwortlichkeit für die norwegische und urschweizerische Demokratie ablehnen.

Die demokratische Bewegung erstrebt in allen zivilisierten Ländern in letzter Instanz die politische Herrschaft des Proletariats. Sie setzt also voraus, dass ein Proletariat existiert; dass eine herrschende Bourgeoisie existiert; dass eine Industrie existiert, die das Proletariat erzeugt, die die Bourgeoisie zur Herrschaft gebracht hat.

Von dem allen finden wir nichts, weder in Norwegen noch in der Urschweiz. Wir finden in Norwegen das vielberühmte Bauernregiment *(bonde regimente)*, in der Urschweiz eine Anzahl roher Hirten, die trotz ihrer demokratischen Verfassung von ein paar reichen Grundbesitzern, Ab Yberg usw., patriarchalisch regiert werden. Bourgeoisie existiert in Norwegen nur ausnahmsweise, in der Urschweiz gar nicht. Proletariat ist so gut wie gar nicht vorhanden.

Die Demokratie der zivilisierten Länder, die moderne Demokratie, hat also mit der norwegischen und urschweizerischen Demokratie durchaus nichts gemein. Sie will nicht den norwegischen und urschweizerischen Zustand herbeiführen, sondern einen himmelweit verschiedenen. Doch gehen wir näher ein auf diese urgermanische Demokratie, und halten wir uns dabei an die Urschweiz, die uns hier zunächst angeht.

Wo ist der deutsche Spießbürger, der nicht begeistert ist für Wilhelm Tell, den Vaterlandsbefreier, wo der Schulmeister, der nicht Morgarten, Sempach und Murten neben Marathon, Platää und Salamis feiert, wo die hysterische alte Jungfer, die nicht für die derben Waden und strammen Schenkel der sittenreinen Alpenjünglinge schwärmt? Von Aegidius Tschudi bis auf Johannes von Müller, von Florian bis auf Schiller ist die Herrlichkeit der urschweizerischen Tapferkeit, Freiheit, Tüchtigkeit und Kraft in Versen und in Prosa ohne Ende gepriesen worden. Die Kanonen und Stutzen der zwölf Kantone liefern jetzt den Kommentar zu diesen begeisterten Lobgesängen.

Die Urschweizer haben sich zweimal in der Geschichte bemerkbar gemacht. Das erste Mal, als sie sich von der österreichischen Tyrannei glorreich befreiten, das zweite Mal in diesem Augenblick, wo sie mit Gott für Jesuiten und Vaterland in den Kampf ziehen.

Die glorreiche Befreiung aus den Krallen des österreichischen Adlers verträgt schon sehr schlecht, dass man sie bei Licht besieht. Das Haus Österreich war ein einziges Mal in seiner ganzen Karriere progressiv; es war am Anfang seiner Laufbahn, als es sich mit den Spießbürgern der Städte gegen den Adel alliierte und eine deutsche Monarchie zu gründen suchte. Es war progressiv in höchst spießbürgerlicher Weise, aber einerlei, es war progressiv. Und wer stemmte sich ihm am entschiedensten entgegen? Die Urschweizer. Der Kampf der Urschweizer gegen Österreich, der glorreiche Eid auf dem Grütli, der heldenmütige Schuss Tells, der ewig denkwürdige Sieg von Morgarten, alles das war der Kampf störrischer Hirten gegen den Andrang der geschichtlichen Entwicklung, der Kampf der hartnäckigen, stabilen Lokalinteressen gegen die Interessen der ganzen Nation, der Kampf der Rohheit gegen die Bildung, der Barbarei gegen die Zivilisation. Sie haben gegen die damalige Zivilisation gesiegt, zur Strafe sind sie von der ganzen weiteren Zivilisation ausgeschlossen worden.

Damit nicht genug, wurden diese biderben, widerspenstigen Sennhirten bald noch ganz anders gezüchtigt. Sie entgingen der Herrschaft des österreichischen Adels, um unter das Joch der Zürcher, Luzerner, Berner und Basler Spießbürger zu geraten. Diese Spießbürger hatten gemerkt, dass die Urschweizer ebenso stark und ebenso dumm waren wie ihre Ochsen. Sie ließen sich in die Eidgenossenschaft aufnehmen, und von nun an blieben sie ruhig zu Hause hinter der Zahlbank sitzen, während die hartköpfigen Sennhirten alle ihre Streitigkeiten mit dem Adel und den Fürsten ausfochten. So bei Sempach, Grandson, Murten und Nancy. Dabei ließ man den Leuten das Recht, ihre innern Angelegenheiten nach Belieben einzurichten, und so blieben sie in der glücklichsten Unwissenheit über die Weise, in der sie von ihren lieben Eidgenossen exploitiert wurden.

Seitdem hat man wenig mehr von ihnen gehört. Sie beschäftigten sich in aller Gottseligkeit und Ehrbarkeit mit Kühemelken, Käsemachen, Keuschheit und Jodeln. Von Zeit zu Zeit hielten sie Volksversammlungen, worin sie sich in Hornmänner, Klauenmänner und andre bestialische Klassen spalteten und nie ohne eine herzliche, christlich-germanische Prügelei auseinandergingen. Sie waren arm, aber rein von Sitten, dumm, aber fromm und wohlgefällig vor dem Herrn, brutal, aber breit von Schultern und hatten wenig Gehirn, aber viel Wade. Von Zeit zu Zeit wurden ihrer zu viel, und dann ging die junge Mannschaft »reislaufen«, das heißt, ließ sich in fremde Kriegsdienste anwerben, wo sie mit der unverbrüchlichsten Treue an ihrer Fahne hielt, mochte kommen, was da wollte. Man kann den Schweizern nur nachsagen, dass sie sich mit der größten Gewissenhaftigkeit für ihren Sold haben totschlagen lassen.

Der größte Stolz dieser vierschrötigen Urschweizer war von jeher, dass sie nie von den Gebräuchen ihrer Vorfahren auch nur um ein Haarbreit gewichen sind, dass sie die einfältige, keusche, biderbe und tugendsame Sitte ihrer Väter im Strome der Jahrhunderte unverfälscht bewahrt haben. Und das ist wahr, jeder Versuch der Zivilisation ist an den granitnen Wänden ihrer Felsen und ihrer Schädel ohnmächtig abgeprallt. Seit dem Tage, wo der erste Ahne Winkelrieds seine Kuh mit den unumgänglichen idyllischen Schellen am Halse auf die jungfräulichen Triften des Vierwaldstätter Sees trieb, bis zu dem jetzigen Augenblick, wo der letzte Nachkomme Winkelrieds seine Büchse vom Pfaffen einsegnen lässt, sind alle Häuser auf dieselbe Weise gebaut, alle Kühe auf dieselbe Weise gemolken, alle Zöpfe auf dieselbe Weise geflochten, alle Käse auf dieselbe Weise verfertigt, alle Kinder auf dieselbe Weise gemacht worden. Hier auf den Bergen existiert das Paradies, hier ist man noch nicht bis zum Sündenfall gekommen. Und wenn einmal ein solch unschuldiger Alpensohn in die große Welt hinausgerät und sich einen Augenblick hinreißen lässt von den Verführungen der großen Städte, von den geschminkten Reizen einer verdorbenen Zivilisation, von den Lastern der sündhaften Länder, die keine Berge haben und wo Korn gedeiht – die Unschuld wurzelt so tief in ihm, dass er nie ganz untergehen kann. Ein Ton schlägt an sein Ohr, nur zwei jener Noten des Kuhreigens, die wie Hundegeheul klingen, und sofort stürzt er weinend und zerknirscht auf die Knie, sofort reißt er sich los aus den Armen der Verführung und ruht nicht, bis er zu Füßen seines greisen Vaters liegt. »Vater, ich habe gesündigt vor meinen Urgebirgen und vor Dir, ich bin nicht wert, dass ich Dein Sohn genannt werde!«

Zwei Invasionen sind in der neueren Zeit gegen diese Sitteneinfalt und Urkraft versucht worden. Die erste war die der Franzosen 1798. Aber diese Franzosen, die sonst überall doch etwas Zivilisation verbreitet haben, scheiterten an den Urschweizern. Keine Spur ihrer Anwesenheit ist geblieben, kein Jota haben sie von den alten Sitten und Tugenden beseitigen können. Die zweite Invasion kam ungefähr zwanzig Jahre später und trug wenigstens einige Früchte. Das war die Invasion der englischen Reisenden, der Londoner Lords und Squires »Gutsherren« und der zahllosen Lichterzieher, Seifensieder, Gewürzkrämer und Knochenhändler, die ihnen folgten. Diese Invasion hat es wenigstens dahin gebracht, dass die alte Gastfreundschaft ein Ende nahm und die ehrlichen Bewohner der Sennhütten, die früher kaum wussten, was Geld ist, sich in die habgierigsten und spitzbübischsten Preller verwandelten, die es irgendwo gibt. Aber dieser Fortschritt greift durchaus die alten, einfältigen Sitten nicht an. Diese eben nicht sehr reinliche Prellerei vertrug sich aufs Vortrefflichste mit den patriarchalischen Tugenden der Keuschheit, Tüchtigkeit, Biederkeit und Treue. Nicht einmal ihre Frömmigkeit litt darunter; der Pfaff absolvierte sie mit besonderem Vergnügen von allen Betrügereien, die an einem britischen Ketzer verübt worden waren.

Jetzt aber scheint diese Sittenreinheit aber doch einmal in Grund und Boden umgerührt werden zu sollen. Hoffentlich werden die Exekutionstruppen ihr Möglichstes tun, um aller Biederkeit, Urkraft und Einfalt den Garaus zu machen. Dann aber jammert, ihr Spießbürger! Dann wird es keine armen, aber zufriednen Hirten mehr geben, deren ungetrübte Sorglosigkeit ihr euch für den Sonntag wünschen könnt, nachdem ihr sechs Tage der Woche an Zichorienkaffee und Tee von Schlehenblättern euren Schnitt gemacht habt! Dann weinet, ihr Schulmeister, denn mit der Hoffnung auf ein neues Sempach-Marathon und andre klassische Großtaten ists aus! Dann klaget, hysterische Jungfrauen über dreißig Jahren, denn es wird vorbei sein mit jenen sechszölligen Waden, deren Bild eure einsamen Träume versüßt, vorbei mit der Antinousschönheit der kräftigen »Schweizerbuan«, vorbei mit jenen festen Schenkeln und strammen Hosen, die euch so unwiderstehlich nach den Alpen hinziehen! Dann seufzet, sanfte und bleichsüchtige Pensionatsknospen, die ihr euch auch schon aus Schillers Werken für die keusche und doch so wirksame Liebe der behenden Gämsenjäger begeistert habt, denn dann ist es aus mit euren zarten Illusionen, dann bleibt euch nichts, als Henrik Steffens zu lesen und für die frostigen Norweger zu schwärmen!

Doch lassen wir das. Diese Urschweizer müssen mit noch ganz andern Waffen bekämpft werden als mit bloßem Spott. Die Demokratie hat sich noch wegen ganz andrer Dinge als wegen ihrer patriarchalischen Tugenden mit ihnen ins Reine zu setzen.

Wer verteidigte am 14. Juli 1789 die Bastille gegen das anstürmende Volk, wer schoss hinter sichern Mauern die Arbeiter der Faubourg St-Antoine »Arbeitervorstadt von Paris« mit Kartätschen und Flintenkugeln nieder? – Urschweizer aus dem Sonderbund, Enkel Tells, Stauffachers und Winkelrieds.

Wer verteidigte am 10. August 1792 den Verräter Ludwig XVI. im Louvre und den Tuilerien gegen den gerechten Zorn des Volks? – Urschweizer aus dem Sonderbund.

Wer unterdrückte, mithilfe Nelsons, die neapolitanische Revolution von 1798? – Urschweizer aus dem Sonderbund.

Wer stellte, mithilfe der Österreicher, 1823 in Neapel die absolute Monarchie wieder her? – Urschweizer aus dem Sonderbund.

Wer kämpfte bis auf den letzten Augenblick, am 29. Juli 1830, abermals für einen verräterischen König und schoss abermals von den Fenstern und Kolonnaden des Louvre die Pariser Arbeiter nieder? – Urschweizer aus dem Sonderbund.

Wer unterdrückte, mit einer weltberüchtigten Brutalität und abermals im Verein mit den Österreichern, die Insurrektion in der Romagna 1830 und 1831? – Urschweizer aus dem Sonderbund.

Kurz, wer hielt bis zu diesem Augenblick die Italiener nieder, dass sie sich beugen mussten unter die erdrückende Herrschaft ihrer Aristokraten, Fürsten und Pfaffen, wer war in Italien die rechte Hand Österreichs, wer machte es noch zur Stunde dem Bluthund Ferdinand von Neapel möglich, sein knirschendes Volk im Zaume zu halten, wer spielte noch heute den Henker bei den massenweisen Füsilladen, die er vollziehen lässt? Immer wieder Urschweizer aus dem Sonderbund, immer wieder Enkel Tells, Stauffachers und Winkelrieds!

Mit einem Worte: Wo und wann nur immer in Frankreich eine revolutionäre Bewegung ausbrach, die direkt oder indirekt der Demokratie Vorschub leistete, da waren es immer urschweizerische Mietsoldaten, die mit der größten Hartnäckigkeit und bis zum letzten Augenblick dagegen fochten. Und namentlich in Italien waren diese schweizerischen Söldlinge fortwährend die getreuesten Knechte und Handlanger Österreichs. Gerechte Strafe für die glorreiche Befreiung der Schweiz aus den Krallen des Doppeladlers!

Man glaube nicht, dass diese Söldlinge der Auswurf ihres Landes seien und von ihren Landsleuten desavouiert würden. Haben die Luzerner doch vor ihren Toren durch den isländischen frommen Pinsel Thorvaldsen einen großen Löwen aus dem Felsen hauen lassen, der, an einer Pfeilwunde verblutend, das bourbonische Lilienschild mit seiner bis zum Tode getreuen Pfote deckt – und zwar zum Gedächtnis der am 10. August 1792 im Louvre gefallenen Schweizer! So ehrt der Sonderbund die käufliche Treue seiner Söhne. Er lebt vom Menschenhandel und feiert ihn.

Und mit dieser Art Demokratie sollten die englischen, die

französischen, die deutschen Demokraten irgendetwas gemein haben?

Schon die Bourgeoisie arbeitet durch ihre Industrie, ihren Handel, ihre politischen Institutionen darauf hin, überall die kleinen, abgeschlossenen, nur für sich lebenden Lokalitäten aus ihrer Vereinzelung herauszureißen, sie miteinander in Verbindung zu bringen, ihre Interessen miteinander zu verschmelzen, ihren lokalen Gesichtskreis zu erweitern, ihre lokalen Gebräuche, Trachten und Anschauungsweisen zu vernichten und aus den vielen bisher voneinander unabhängigen Lokalitäten und Provinzen eine große Nation mit gemeinsamen Interessen, Sitten und Anschauungen zu bilden. Schon die Bourgeoisie zentralisiert bedeutend. Das Proletariat, weit entfernt davon, hierdurch benachteiligt zu sein, wird vielmehr erst durch diese Zentralisation in den Stand gesetzt, sich zu vereinigen, sich als Klasse zu fühlen, sich in der Demokratie eine angemessene politische Anschauungsweise anzueignen und endlich die Bourgeoisie zu besiegen. Das demokratische Proletariat hat nicht nur die Zentralisation, wie sie durch die Bourgeoisie begonnen ist, nötig, sondern es wird sie sogar noch viel weiter durchführen müssen. Während der kurzen Zeit, in der das Proletariat in der Französischen Revolution am Staatsruder saß, während der Herrschaft der Bergpartei, hat es die Zentralisation mit allen Mitteln, mit Kartätschen und der Guillotine durchgesetzt. Das demokratische Proletariat, wenn es jetzt wieder zur Herrschaft kommt, wird nicht nur jedes Land für sich, sondern sogar alle zivilisierten Länder zusammen so bald wie möglich zentralisieren müssen.

Die Urschweiz dagegen hat nie etwas andres getan, als sich gegen die Zentralisation angestemmt. Sie hat mit einer wirklich tierischen Hartnäckigkeit auf ihrer Absonderung von der ganzen übrigen Welt, auf ihren lokalen Sitten, Trachten, Vorurteilen, auf ihrer ganzen Lokalborniertheit und Abgeschlossenheit bestanden. Sie ist bei ihrer ursprünglichen Barbarei mitten in Europa stehen geblieben, während alle andern Nationen, selbst die übrigen Schweizer, fortgeschritten sind. Mit dem ganzen Starrsinn roher Urgermanen besteht sie auf der Kantonalsouveränität, das heißt auf dem Recht, in Ewigkeit nach Belieben dumm, bigott, brutal, borniert, widersinnig und käuflich zu sein, mögen ihre Nachbarn darunter leiden oder nicht. Sowie ihr eigner tierischer Zustand zur Sprache kommt, erkennen sie keine Majorität, keine Übereinkunft, keine Verpflichtung mehr an. Aber im 19. Jahrhundert ist es nicht mehr möglich, dass zwei Teile eines und desselben Landes so ohne allen gegenseitigen Verkehr und Einfluss nebeneinander existieren. Die radikalen Kantone wirken auf den Sonderbund, der Sonderbund wirkte auf die radikalen Kantone, in denen hier und da ebenfalls noch höchst rohe Elemente existieren. Die radikalen Kantone sind also daran interessiert, dass der Sonderbund seine Bigotterie, seine Borniertheit und seinen Starrsinn fahren lasse, und wenn der Sonderbund nicht will, so muss sein Eigensinn mit Gewalt gebrochen werden. Und das geschieht in diesem Augenblick.

Der Bürgerkrieg, der jetzt ausgebrochen ist, wird also der Sache der Demokratie nur förderlich sein. Wenn auch selbst in den radikalen Kantonen noch viel urgermanische Rohheit steckt, wenn auch in ihnen hinter der Demokratie bald ein Bauern-, bald ein Bourgeoisregiment, bald ein Gemisch von beiden sich versteckt, wenn auch selbst die zivilisiertesten Kantone noch hinter der Entwicklung der europäischen Zivilisation stehen und nur hier und da wirklich moderne Elemente langsam empordämmern, so tut das dem Sonderbund keinen Vorschub. Es ist nötig, dringend nötig, dass diese letzte Zuflucht des brutalen Urgermanismus, der Barbarei, der Bigotterie, der patriarchalischen Einfalt und Sittenreinheit, der Stabilität und der den Meistbietenden zu Gebote stehenden

Treue bis in den Tod endlich einmal zerstört werde. Je energischer die Tagsatzung zu Werke geht, je gewaltsamer sie dies alte Pfaffennest umrütteln wird, desto mehr Anspruch auf die Unterstützung aller entschiedenen Demokraten wird sie haben, desto mehr wird sie beweisen, dass sie ihre Stellung versteht. Aber freilich, die fünf Großmächte sind da, und die Radikalen haben selbst Furcht.

Für den Sonderbund aber ist es bezeichnend, dass die echten Söhne Wilhelm Tells das Haus Österreich, den Erbfeind der Schweiz, um Hilfe anflehen müssen, jetzt, wo Österreich schmutziger, niederträchtiger, gemeiner und gehässiger ist als je. Das ist auch noch ein Stück Strafe für die glorreiche Befreiung der Schweiz aus den Krallen des Doppeladlers und die vielen Großprahlereien deswegen. Und damit das Maß der Strafe recht übervoll werde, muss dies Österreich selbst so in der Klemme sein, dass es den Söhnen Tells nicht einmal helfen kann!

Ludwig II. im Grandhotel Axenstein

Conrad Beyer

König Ludwig II., am 25. August 1845 geboren, war nach dem frühen Tode seines Vaters Maximilian II. am 10. März 1864 im jugendlichen Alter von achtzehn Jahren auf den Thron gelangt, als er eben seine Universitätsstudien begonnen hatte. Sein Volk jubelte dem schönen bleichen Jüngling mit dem blitzenden Auge, dem dunklen Haare des Südländers und dem germanischen, hohen Wuchse zu. Drei Jahre lang hat ihn sein erlauchter Oheim, der nunmehrige Prinzregent Luitpold, beraten. Diese Zeit nutzte Ludwig II. zu ernsten Studien und zur Vorbereitung auf seinen königlichen Beruf. Schon im Beginn seiner Regierung bewies er die höchste Energie, wo es galt, das freiheitliche Banner zu entfalten und dem Liberalismus zu huldigen.

Gleich seinem Großvater Ludwig I. und seinem Vater Maximilian II. pflegte er die Künste des Friedens, um neue Ideen des Schönen in Erscheinung zu bringen.

Für Goethe, für Rückert und namentlich für Schiller interessierte er sich wie kaum ein anderer Fürst. Er ließ sich zum Beispiel in seinem Hoftheater (am 18. Oktober 1865) den *Tell* probeweise ohne Streichungen vorführen.

Durch diese Aufführung im Innersten warm angeregt, unternahm er einen Studienausflug nach der Schweiz, um aus eigener Anschauung die Stätte des Schweizerischen Freiheitsschwures kennenzulernen.

Am 20. Oktober 1865 kam er am schönen Seegestade in Luzern an, wo er im komfortablen Grandhotel Schweizerhof seinen Abstieg nahm.

Es waren nur noch drei Zimmer frei. Der König war hier unbekannt, und man gab ihm als dem Vortretenden ein Zimmer im vierten Stockwerk, während man seine nachfolgenden Begleiter im zweiten Stock unterbrachte. Als es am folgenden Morgen ruchbar wurde, welch hoher Gast im hohen vierten Stock wohne, wollte man ihm die frei gewordenen fürstlichen Appartements der ersten Etage zuvorkommend einräumen. Aber der König lehnte das Anerbieten mit verbindlichem Lächeln ab und meinte, es gefalle ihm in dem äußerst freundlichen Logis der vierten Etage mit seiner entzückenden Aussicht über den See ganz vortrefflich. Seither begehren viele Fremde, das Königszimmer im Schweizerhof zu bewohnen, um an der Stelle sich zu wissen, wo Bayerns Genius sonnigfroh dereinst geweilt hat.

Am 23. Oktober 1865 fuhr der König nach Brunnen weiter, wo er im ländlichen Gasthaus zum Rössli Wohnung nahm, dessen Besitzer Fassbind später die wie in einem Blätternest gebettete Grand-Hotel-Pension Waldstätter-Hof seitlich von der Landungsstelle in Brunnen erbaute, die nach seinem Tod von der Witwe und einem Sohn geleitet wird. Dieser Letztere erhielt vom König eine prächtige Uhr als Geschenk mit der Widmung »Zur freundlichen Erinnerung an den 23. und 24. Oktober 1865 von Ludwig II., König von Bayern«.

An den beiden Tagen seines Aufenthaltes in Brunnen besuchte der König das Rütli, die Tellsplatte, die Stauffacher Kapelle bei Steinen, die Hohle Gasse bei Küssnacht und besonders das Städtchen Schwyz mit den Mythenbergen.

Die *Schwyzer Zeitung* begrüßte ihn jenes Mal gar freundlich, sodass er nach seiner Heimkehr sich bewogen fand, dem Redaktor dieses Blattes Folgendes in eigenhändiger Zuschrift zu erwidern:

Hohenschwangau, den 22. November 1865.
Herr Redaktor! Mit inniger Freude las ich heute den herzlichen Gruß des Landes Wilhelm Tells und erwidere denselben aus ganzem Herzen. Ich grüße ebenfalls meine lieben Freunde aus den Urkantonen, für welche ich schon als Kind eine gewisse Vorliebe hatte. Die Erinnerung an meinen Besuch der herrlichen Inner-Schweiz und an das biedere freie Volk, welches Gott segnen wolle, wird mir immer teuer sein. Mit wohlwohlenden Gesinnungen bin ich Ihr wohlgewogener
Ludwig.

Des Königs zweite Reise (1881)

Der König, welcher in Beziehung auf Recht peinlich die kleinste Anforderung erfüllte, hatte sich eingeredet, dass er in der Schweiz möglicherweise einen Pass nötig haben könne; daher befahl er, dass für ihn wie für Josef Kainz im Münchener Passbüro je ein Pass mit vorgeschriebenem Signalement ausgestellt werde. Der Pass des Königs lautetete auf Marquis de Saverny, der des Kainz auf den Namen Didier. – Kainz hat beide Pässe gesehen. Der König hatte ihm den auf Didier lautenden Pass zu schenken versprochen, aber Kainz hat ihn nie erhalten. Zweifellos hat der König die zugesagte Aushändigung vergessen.

Der König hatte zu jener Zeit den Silberverwalter Ledermann, einen geborenen Schweizer, vorausgeschickt, um einen Teil der herrlich gelegenen Grand-Hotel-Pension Axenstein bei Brunnen für ihn und sein Gefolge zu mieten.

Um die Reise ohne Aufsehen ausführen zu können, hatte der König nach dem Plane von Zanders angeordnet, dass am 27. Juli 1881 nachts, zehn Uhr sein Extrazug auf der kleinen Station Mühlthal bei Starnberg ihn aufnehmen solle. Er wollte im tiefsten Inkognito als Marquis de Saverny reisen, und Kainz sollte ihn als sein Freund Didier begleiten.

Kainz wurde baldigst zur Audienz befohlen. Der König sprach sich erfreut über die bevorstehende Reise aus und legte Kainz alle seine Pläne und Erwartungen klar. Zudem er ihm das Routenverzeichnis reichte, meinte er: »Wir kommen erst morgen nach zehn Uhr in Luzern an, da ich ein langsameres Fahren angeordnet habe. Ich ziehe die Sicherheit einer frühen Ankunft vor.«

Während des Essens kam der König auf den Axenstein, den er das Axenschloss nannte, zu sprechen, und er meinte, es werde ihm dort gefallen, wenn er nicht allzu viele Menschen finden würde. Dabei sprach er die Befürchtung aus, dass er bei seiner Ankunft in dem fremdenbelebten Luzern der Gegenstand lästiger Beobachtung werden könne. Auf Anregung von Kainz beschloss er, den Zug schon in Ebikon, der ersten Station vor Luzern, halten zu lassen. Von dort solle man, so meinte Kainz, unter Vermeidung jeglichen Aufsehens zu Wagen weiterfahren, um von der Dampferstation Kastanienbaum aus mit dem Dampfschiff Brunnen zu erreichen.

Leider wurde durch die notwendig gewordenen telegrafischen Benachrichtigungen an die Reisemarschälle die Ankunft des Königs verraten. Von Luzern und anderen Orten eilten Menschen herbei, um den König zu sehen.

Als der König die Menschenmenge sah, wurde er verstimmt. Rasch bestieg er seine Equipage, die ihn nun zur Dampferstation Kastanienbaum brachte, wo sich nach und nach die Dienerschaft mit Gepäck einfand.

Aber nun fehlte der telegrafisch bestellte Dampfer. Der König stand mit Kainz und Hesselschwerdt auf der Landungsbrücke und sah ungeduldig nach dem Schiff aus.

»Es ist abscheulich«, rief er unmutig, »alles ist schlecht arrangiert, ich möchte am liebsten umkehren.« Doch da bog auch schon das Dampfboot um die Landspitze, und alle atmeten erleichtert auf.

Es war dies aber zum nicht geringen Verdruss des Königs der große Salondampfer Italia, auf dessen Deck sich die zahlreiche Schiffsmannschaft in Galakleidung zur Begrüßung aufgestellt hatte. Vielleicht waren auch Reporter und Fremde dabei, die den König sehen wollten.

»Um Himmels willen«, rief der König ungnädig zu Hesselschwerdt, »was soll denn das, was wollen die vielen Menschen! Sie wissen, Hesselschwerdt, ich will keinen offiziellen Empfang.« – Der König hatte infolge seiner Kurzsichtigkeit die Schiffsuniformen nicht erkannt.

Hesselschwerdt beschwichtigte, indem er ihm zuflüsterte: »Das ist ja nur Dienervolk.«

»Aber so viel habe ich nicht mitgebracht«, sagte der König noch immer aufgebracht, »wer sind die anderen?«

Als er vernahm, dass dies die Schiffsmannschaft sei, beruhigte er sich. »So mag es gut sein«, sagte er gleichmütiger, »gehen Sie!«

Als er das Schiff betrat, verneigte sich entblößten Hauptes der Kapitän und rief: »Guten Tag, Majestät!« Der König erfasste Kainz beim Arm und flüsterte ihm zu: »Haben Sie es gehört? Mein Inkognito scheint ja schnell gelüftet zu sein.« Kainz meinte gelassen, dies wisse nur der Kapitän, der es nach außen wahren werde. So gab sich der König wiederum zufrieden.

Während der Fahrt gab sich der König mit Kainz ganz der Bewunderung der herrlichen Umgebung hin, indem das Schiff der Station Brunnen zusteuerte.

Kainz erzählt: »Ich hatte nie den herrlichen See gesehen

und war wie trunken vor Wonne über die großartigen Reize dieser unvergleichlichen Natur.«

Inzwischen war auf dem Deck ein Frühstück für den König serviert worden. Er lud Kainz zur Beteiligung ein. Schon gegen zwölf Uhr – es war der 28. Juni 1881 – gelangte das Schiff in die Nähe von Brunnen.

Die Ankunft des Königs war in Brunnen bekannt geworden. Daher sah man das ganze Ufer von Menschen förmlich übersät. Der König bemerkte dies kaum, als er auch schon sein Missfallen darüber gegen Kainz äußerte: »Da wimmelt es ja von Menschen, und ich will doch ungekannt für mich leben.«

Er erkundigte sich, ob man Brunnen passieren müsse, um nach Axenstein zu gelangen. Als ihm dies bejaht wurde, fragte er, ob man nicht an einer anderen Stelle anlegen könne. Der Kapitän verneinte dies.

Man kam Brunnen immer näher. Da gewahrte man auch, dass alle Häuser am See geflaggt hatten. Vorne am Hafen hielt der stolze, vierspännige Wagen des Hotels Axenstein.

Nun machte sich auch noch die für den Empfang aufgebotene Schweizerische Polizei bemerkbar. Dies war dem König entsetzlich und zu viel. »Es fällt mir nicht ein, hier zu landen«, rief er zu Kainz, »ich will mich nicht zum Ovationsopfer hergeben. Wir werden weiterfahren direkt nach Rütli und sodann nach der Tellsplatte, wo wir landen wollen.«

Der Kapitän erklärte Kainz vertraulich, dass dies unmöglich sei, da der Dampfer am Felsen auffahren würde. Daraufhin ließ der König den Dampfer fast bis Flüelen weitersteuern. Auf dem Rückweg wurde der Kapitän nachgiebiger und meinte, er wolle den Versuch wagen, an der Tellsplatte zu landen. Kainz hatte ihm mitgeteilt, dass der Herr Marquis die Tellskapelle und die im Werden begriffenen Gemälde des Malers Stickelberg zu sehen wünschte. Der Dampfer konnte nicht nahe genug anfahren, und so improvisierte der Kapitän einen Landungssteg mit Latten.

Es war nachmittags zwei Uhr geworden. Die Tellskapelle war verschlossen, und die Arbeiter gaben an, dass Maler Stickelberg mit dem Schlüssel eben beim Essen in der nahen Bergrestauration sich befände. Kainz schlug vor, den Maler holen zu lassen. Der König wurde ungeduldig, als es ihm zu lange dauerte, bis dieser kam. Er schien mit den Intentionen seines Kainz nicht einverstanden und rief diesem zuletzt zu: »Warum soll der Mann überhaupt herunterkommen? Er wird sich wenig um einen fremden Marquis kümmern! Wir wollten ja landen, wenn Wagen hier wären – und eine Straße!« Aber da kam auch schon Stickelberg den Berg heruntergeschritten. Nunmehr erklärte der König, er gehe unter keiner Bedingung zur Kapelle, Kainz möge sie sich oberflächlich ansehen und die Leute vom Gefolge mitnehmen.

Kainz schritt nun mit brennender Zigarre voraus, während die anderen folgten. Als der Maler die Tür aufgeschlossen hatte, fragte Kainz, ob es erlaubt sei, zu rauchen. »Ich bitte dringend«, antwortete der Maler und begann die Bilder zu erklären.

Kainz erzählt: »Ich war damals zweiundzwanzig Jahre alt und verfügte nicht über ein allzu großes Kunstverständnis, weshalb ich mich aufs goldene Schweigen verlegte. Stumm bewundernd schaute ich mir den halb vollendeten Apfelschuss an. Nun fragte der Maler zu meinem Schreck: ›Werden Euer Majestät gestatten, dass ich die Skizzen vorlege?‹ In demselben Augenblick trat Zanders wie erlösend ein. Ich hoffte, durch ihn aus meiner misslichen Lage befreit zu werden, aber das nächste Wort war wieder ›Majestät‹! Mir wurde flimmernd vor den Augen, und ich überdachte, wie sich diese fatale Situation zum Guten wenden ließe. Ich durfte nicht aus der Rolle fallen. Wieder zeigte der Maler neue prächtige Skizzen, bemerkend, er sei stolz auf diese echten Naturtypen. Nun wurde es mir zu bunt. Ich bat um Entschuldigung wegen der Störung und suchte mich zu entfernen, als sich der Maler für eine Medaille bedankte, die er von mir, das heißt, vom König, erhalten habe. Vom Schiff grüßte ich zurück und erzählte nun dem König das Geschehene, bemerkend, das Peinlichste sei es mir gewesen, für den König gehalten worden zu sein.«

»Ist das so fürchterlich?«, erwiderte dieser, indem er sich erkundigte, wie das Missverständnis möglich geworden.

Um den Maler zu beruhigen, der an eine Mystifikation zu glauben schien, ist der König später allein zu ihm gefahren und hat alles wieder gut gemacht.

Kainz meinte später: »Der König hätte sich doch einen Kavalier mitnehmen sollen. Ich war zu jung und zu unerfahren, sodass ähnliche kleine Vorkommnisse sich häuften und mit der Zeit eine Verstimmung gegen mich begründeten.«

Während der Weiterfahrt erkundigte sich der König nach einer anderen Landungsstelle, als sie der Hafen von Brunnen bot. Der Kapitän nannte den sogenannten »Föhnhafen« hinter dem Waldstätterhof, allwo in der Folge der von dem gefälligen Dampfschifffahrts-Direktor dem König für die Dauer seiner Anwesenheit zur Verfügung gestellte Salondampfer Waldstätter Tag und Nacht geheizt und für den Dienst des Königs bereitgestellt blieb.

Der König gab sein Einverständnis zu erkennen.

Nun schwenkte das Schiff und nahm den Kurs auf die Anlegestelle im Föhnhafen. In diesem Augenblick stürzt sich die ganze Menschenmasse nach diesem Hafen.

Kainz erzählt: »Als wir auf dem langen Landungssteg standen, war alles dicht von Menschen besetzt. Und hier sollte der König passieren! Mir war entsetzlich zumute. Doch die majestätische Gestalt des Königs schritt ohne Zögern die Reihen hindurch, mit freundlichem Grüßen den Volksjubel erwidernd. Tücherschwenken und Hurrarufe begleiteten ihn bis zum Wagen.«

Als man Brunnen passiert hatte, versuchte Kainz, die verunglückte Disposition des Kapitäns zu entschuldigen und die Situation zu klären.

Wider Erwarten blieb der König ruhig. Nachdem er alles angehört, sagte er: »Ich muss gestehen, dass ich mich über dieses Willkommen hinterher doch gefreut habe, da es die Herzlichkeit der Gesinnung dieses biederen Volkes so recht hervortreten ließ. Es sind gute Menschen, diese Schweizer!«

Nun ereignete sich ein Unfall, der bedenklich hätte werden können. Als der Wagen des Königs schon fast oben auf dem Plateau des Axensteins angelangt war, brach die Deichsel, und die unruhig gewordenen Pferde brachten den immer schneller zurückrollenden Wagen nicht mehr zum Stehen, bis er sich zuletzt an der Steinbrüstung festrannte, ohne deren Vorhandensein ein Unglück unvermeidlich gewesen wäre. Inzwischen war aber der König, die Gefahr erblickend, rasch aus dem Wagen gesprungen und bot Kainz hierzu helfend die Hand.

Den letzten Teil des Wegs legte der König nunmehr zu Fuß zurück. Plötzlich stand er vor der von Park und Wald umgebenen prächtigen Grand-Hotel-Pension Axenstein mit ihren sinnig ausgedachten und angelegten Ruheplätzen, mit ihrer großartigen Bergromantik und mit ihrer unvergleichlichen Fernsicht über den sonnbeglänzten See bis hinunter zu den gewaltigen Schneebergen.

Der nahezu achthundert Meter über dem See – gegenüber den herrlichen Seelisberger-Höhen – gelegene Axenstein galt schon damals als einer der entzückendsten Aufenthaltsorte in der ganzen Schweiz. Von seiner majestätischen Ruhe in der Natur war zu erwarten, dass sich hier der König in jeder Beziehung wohlfühlen würde.

Der König war tief ergriffen von den Natureindrücken auf dem Axenstein, und seine Züge erglänzten in reinster Freude. Doch bemerkte er kaum, wie viele Fremde sich andrängten und wie die gesamte Kellnerschaft mit den Servietten unter dem Arm Spalier stand, als sein Missmut neu aufzulodern begann. Der arme Fürst! Er wollte in einen abgeschiedenen Winkel der Schweiz flüchten, um unerkannt in Zurückgezogenheit leben zu können, und er sah sich nun von einer ihn aufdringlich anstarrenden neugierigen Menschenmenge umdrängt.

Auf den Spazierwegen und auf den Ausfahrten begleiteten ihn gewöhnlich nur Kainz und Hesselschwerdt. Oft bestimmte der König erst am Hotel Mythenstein das Ziel des jeweiligen Ausflugs. Es standen stets zwei zweispännige Landauer, welche Martin Wiegart im Beckenhof für täglich hundertvierzig Franks stellte, zu des Königs Verfügung.

Mehrmals fuhr der König mit dem Zweispänner die Axenstraße entlang bis Altdorf und weiter hinauf. Diese Straße, welche pittoreske, hochromantische Partien in ununterbrochener Fülle bietet, erschien dem König als die großartigste Kunststraße der Schweiz. Der Weg ist an vielen Stellen mit trotziger Gewalt dem Felsen abgerungen. In den Stein gesprengt, zieht er sich hie und da in schwindelnder Höhe senkrecht über dem Seeufer hin, bis er sich wieder an anderen Stellen – zum Beispiel bei Sisikon – in den malerisch schönen Wiesenplan hinabsenkt. Die Axenstraße ist durchschnittlich einundzwanzig bis vierundzwanzig Fuß breit und hat von Brunnen bis Flüelen eine Länge von zwölf Kilometern.

Oft war der König im Zweifel darüber, was höhere Bewunderung verdiene, die kühne Anlage dieses Monumentes schweizerischen Straßenbaus oder die überwältigenden, herrlichen landschaftlichen Bilder und der Ausblick nach dem Beherrscher des Urnertals, der Urirotstock, mit seinen blendend weißen Schneegefilden.

Auf dem Rückweg bestieg der König in Flüelen gewöhnlich seinen Dampfer, und dann durchkreuzte er den See durch alle Engen und nach allen Buchten und Winkeln hin.

Einmal fuhr er mit Kainz nach Amsteg, um ihm die alte Zwing-Uri zu zeigen. Damals war die Gotthardbahn im Bau, und man stellte eben den großen Viadukt über den Kerstellenbach her, sodass es mancherlei zu sehen gab, was die Aufmerksamkeit des Königs fesselte. In der Posthalterei zum Stern – es verkehrte damals noch die Gotthardpost – kehrte der König ein, um die Pferde füttern zu lassen. Inzwischen hielt er sich im kleinen Konversationszimmer auf, wo er sich die aufliegenden Hefte, Zeitungen und Bücher ansah. Es fiel ihm ein Buch von Hauff in die Hand. »Das kenne ich noch nicht«, sagte er, in demselben blätternd, »das habe ich noch nie gelesen!« Kainz entwickelte ein Bild von der hauffschen Persilage der claurenschen Manier durch den Roman *Der Mann im Mond*. Der König war so begeistert davon, dass er sich das Ganze von Nachmittag vier Uhr bis gegen elf Uhr nachts vortragen ließ, ohne einen Bissen zu genießen. Erst, nachdem das Buch zu Ende gelesen war, ließ er das Essen auftragen, das ursprünglich auf vier Uhr nachmittags bestellt war.

Der König erklärte Kainz, dass dies einer seiner schönsten Abende gewesen sei. Was nie vorgekommen war: Er schlief an Kainzens Seite im Wagen ein. Kainz erwähnt dieses Umstandes ausdrücklich, um darzutun, wie die Vorlesung den König physisch wie geistig angespannt habe.

Tags darauf erzählte der König von Andermatt, vom Aufstieg Tells (letzter Akt, Szene mit Parricida). Er belächelte, dass Schiller ein heiteres Tal der Freude südlichen Charakters dorthin verlegt habe, was doch da oben nicht anzutreffen sei.

Inzwischen neigte sich der Sonnenball dem Endziele seiner täglichen Bahn zu, und der König sandte Kainz mit Hesselschwerdt auf die Anhöhe hinter Amsteg, um den Sonnenuntergang zu bewundern. Als beide zurückkamen, war der König im Vierspänner vorausgefahren und hatte hinterlassen, dass Kainz und Hesselschwerdt nachfahren möchten. Diese folgten und fuhren in die großartigste Szenerie hinein. Alle waren erstaunt. Endlich erreichten sie das Hotel in Andermatt. Die für den König bestellten Zimmer waren sehr geräumig. Der vordere Salon war zu einem förmlichen Basar von Kristall- und Goldsachen, Stickereien, Holzschnitzereien, Mineralien und so weiter umgewandelt.

Diese Gegenstände waren hierher gebracht worden, weil der König die Absicht ausgesprochen hatte, Interessantes aus der Schweizer Hausindustrie erwerben zu wollen. – Anderen Tages trat der König unter die Tür und zeigte Kainz die Szene. »Keine Berge«, rief er, »keine Vegetation, ich finde dieses Plateau ganz anders, als es Schiller beschreibt; man sieht, wie ich schon bemerkte, dass der Dichter nicht in der Schweiz gewesen ist.« Nun begann es auch noch zu regnen. Dies verstimmte den König, sodass er nach Besorgung seiner Einkäufe, die namentlich in vielen Fotografien bestanden, die Rückfahrt befahl.

Auf dem Rütli

Die meisten Fahrten des Königs, ja seine regelmäßigen Besuche galten dem schönen Rütli, für das er eine besondere Vorliebe zu hegen schien.

Das Dampfschiff, welches ihn häufig hinübertrug, harrte seiner an tieferer Stelle unterhalb der Hotelpension Mythenstein. Er ging stets durch das Hotel nach der Veranda zum Steg und ließ sich in kleinem Ruderboot zum Dampfer bringen. Nur ausnahmsweise fuhr er im Kahn nach dem Rütli.

Zuweilen machte er in der Nacht erst eine Fahrt auf dem See, worauf der Dampfer am Rütli zu landen hatte. An solchen Tagen musste der Dampfer dann meist ohne den König nach Hause fahren. Nach einem Aufenthalt auf dem Rütli ließ er sich sodann im Ruderboot übersetzen und landete am Mythenstein, von wo er schweigend und ernst zur Villa Gutenberg hinanstieg. Er ahnte nicht, dass regelmäßig einige Fremde hinter dem Buschwerk des Mythensteins seiner Rückkehr harrten, um ungesehen den königlichen Förderer der Künste des Friedens vorbeiwandeln zu sehen.

Als er das erste Mal – es war der 28. Juni 1881 – mit Kainz an dem dem See entragenden Schillerdenkmal am Mythensteinfelsen vorbeifuhr, äußerte er beim Lesen der Inschrift in heiterer und humorvoller Stimmung: »Ich würde es entsprechender finden, wenn die Inschrift lautete: Dem ›Dichter‹ des Tell, da man sich unter dem ›Sänger‹ des Tell auch den Baritonisten der gounodschen Oper vorstellen könnte. Schiller war doch kein Baritonist!« Kainz stimmte lachend zu.

Gegen ein Uhr nachmittags am 28. Juni legte der Dampfer in der Landungsbucht des Rütli an. Freundlich die Grüße des Wirts Aschwanden erwidernd, stieg der König leichten Schrittes durch den Tannenwald und durch die lauschigen, waldvogelfangdurchtönten Baumgänge den steilen Weg hinauf zur sonnigen, beblümten Bundeswiese, wo dereinst die Eidgenossen ihren Eidschwur geleistet hatten. Sinnend nahm er auf der Steinbank Platz, um den Blick über das Gelände und hinauf zur stolzen Bergwarte Sonnenberg auf Seelisberg und hinüber nach der Tellskapelle, sowie nach Osten in der Richtung nach Küssnacht mit der Hohlen Gasse zu senden.

Einige Fremde schienen seine Betrachtungen zu stören. Er sah sich nach einem einsamen Plätzchen um, wo kein Mensch zu vermuten wäre. Er hasste das Menschengewimmel, die roten Reisebücher, die Sonnenhelme und Touristenstöcke.

Er ließ den Förster Aschwanden fragen, wann wohl sämtliche Fremde die Halbinsel verlassen würden. Als er erfuhr, dass erst das letzte Schiff gegen neun Uhr die spätesten Gäste wegtrage, sagte er seinen Besuch für diese Abendstunde an.

Die Abendglocke von Brunnen hatte heute längst die Schläge der neunten Stunde verhallen lassen, als die rhythmisch plätschernden Ruderschläge des königlichen Bootes das Echo an den schweigsamen Felswänden des Rütli weckten.

Der Förster Michael Aschwanden harrte wie auch sonst in seinem Zimmer und ließ den suchenden Blick über den See zu den Lichtern des fernen Brunnen schweifen, bis ihm der Schiffsführer das Zeichen vom Nahen des Königs gab.

Wenn sodann der König landete, stand Aschwanden mit seiner großen Stalllaterne am Landungsplatz und führte den König am Arm bis hinauf zur Bundeswiese, wie auch beim Weggang wieder bis hinunter zum Schiff, um einem Straucheln auf den steilen Pfaden vorzubeugen.

Der König rief jedes Mal bei der Ankunft in bestrickender Leutseligkeit: »Guten Abend, Herr Förster!« Indem er mit dem Hute weit weg vom Kopfe entgegengrüßte.

Seine Begleitung folgte in einiger Entfernung. Hesselschwerdt machte die Honneurs, Kainz musste stets in unmittelbarer Nähe des Monarchen bleiben. Mit ihm war der König oft stundenlang auf dem Aussichtsplatz und ließ sich ab und zu von ihm vordeklamieren. Mit der übrigen Begleitung sprach der König nur ausnahmsweise.

Gleich beim ersten Besuch hatte es sich Aschwanden nicht nehmen lassen, sein Fremdenbuch vorzulegen. Es erfolgte von der Hand des Königs der Eintrag: Marquis de Saverny. Darunter zeichnete Kainz: Josef Didier am 28. Juni 1881.

Nach einem jedesmaligen längeren Aufenthalt auf der

Waldmatte ging der König regelmäßig in die Wirtschaft, um ein frugales Abendbrot zu nehmen.

Während des Essens war nur Kainz zugegen. Der König saß jedes Mal am gleichen Ort, an der oberen schmalen Seite des Wirtstisches des vorderen, bis heute völlig unverändert gebliebenen Zimmers. Kainz nahm an der unteren Seite Platz. Hesselschwerdt hatte sich während des Essens in der oberen Stube aufzuhalten. Er war nie zugegen. Nur der Wirt, Förster Aschwanden, durfte neben dem König auf der Bank sitzen.

Der König erhielt regelmäßig Schinken, Eier, Erdbeeren, Milch und Wein, »und sonst nicht viel«, wie sich Aschwanden ausdrückte. Er trank Sassela-Wein, also immerhin eine bessere Marke des gewöhnlichen Veltliner Landweins. Kainz ließ sich in der Regel Milch reichen. Für Essen und Trinken forderte Aschwanden das Gleiche wie für jeden anderen Gast. Die Rechnung beglich stets Hesselschwerdt.

Der König war von großer Anspruchslosigkeit und Genügsamkeit. Er verlangte weder eine Serviette noch ein Tischtuch, »weil dies auf Rütli mit seinem schneeweiß gescheuerten Tischen nicht üblich sei«.

Auch Aschwanden konnte nicht genug die Liebenswürdigkeit und Leutseligkeit des Königs rühmen. Er erzählt: »Ich redete den König nie an, wenn er nichts sagte, ich wartete, wie mir Didier geraten, bis er fragte. Oft saß ich mit dem König auf der gleichen Bank und habe zugehört, was er gesprochen. Didier musste stets das Neueste aus den Zeitungen vorlesen, zuweilen musste er auch deklamieren. Den *Tell* sagte er draußen auf dem Schwurplatz auswendig her. Er deklamierte herrlich, erwärmend. Auch von mir hat sich der König zuweilen erzählen lassen: von der Alpenwirtschaft, wie das Vieh gehalten wird, wie das Volk fortkommt, wie es sich nährt, was zu seiner Hebung geschieht, ob man sich in der Schweiz der Arbeitsunfähigen annimmt und anderes mehr.«

Das berühmt gewordene Rütlilied, das der schweizerische Dichter Johann Georg Krauer am 12. September 1820 in Freiburg im Breisgau gedichtet hat, wo er bis 1817 Medizin studierte, ließ der König wiederholt deklamieren und nach der Melodie von Greith auch vorsingen.

Es lautet:

Sei, Rütli, mir freundlich gegrüßet,
Du stilles Gelände am See,
Wo spielend die Welle zerfließet,
Genähret vom ewigen Schnee.

Gepriesen sei, friedliche Stätte,
Gepriesen sei, heiliges Land,
Wo sprengten des Sklaventums Kette
Die Väter mit kräftiger Hand.

Hier blickten in nächtlicher Stille
Sie klagend auf Vaterlands Not
Und sahen, wie Jammers die Fülle
Vollbrachte der Willkür Gebot.

Nur traurig erglänzten die Sterne
Auf Berge und sumpfiges Ried,
Verstummt war – so nahe wie ferne
Des Kühers erfreuliches Lied.

Dort stöhnte des Tapferen Stimme
Tief unten im grausen Verlies.
Dem bübisch im lüsternen Grimme
Der Zwingherr die Gattin entriss.

Dort seufzten und weinten die Waisen,
Sie hatten die Mutter nicht mehr,
Sie lag beim Tyrannen in Eisen;
Den Vater durchbohrte der Speer.

Es nannte die heimische Hürde
Nur leise der Hirte noch sein,
Denn wüsst' es der Zwingherr, er würde
Gleich sagen: Die Herde ist mein!

Da standen die Väter zusammen
für Freiheit und heimisches Gut
Und schwuren beim heiligsten Namen,
Zu stürzen die Zwingherrenbrut.

Der Schimmer der Sterne erhellte
Nur düster die schlummernde Flur,
Als rächend zum Himmelsgezelte
Entschwebte der heilige Schwur.

Und Gott, der Allgütige, nickte
Gedeihen zum heiligen Schwur,
Sein Arm die Tyrannen erdrückte,
Und frei war die heimische Flur.

Drum, Rütli, sei freundlich gegrüßet,
Dein Name wird nimmer vergehn,
Solange der Rhein uns noch fließet,
Solange die Alpen bestehn.

Näzl und Wifeli

Meinrad Inglin

Der ledige Knecht und Rinderhirt Näzl, als Ignaz vor dreißig Jahren noch christlich getauft, strich oft gierig in der Dunkelheit herum und belästigte Frauen und Töchter. Er war aber ein grober, hässlicher Kerl, und keine wollte etwas mit ihm zu tun haben. Eines Abends vor der Alpauffahrt lauerte er abseits vom Dorfe bei einem Gadenhaus einem erst siebzehnjährigen Mädchen auf. Er hoffte, es werde noch zur Wäsche herauskommen, die hinter dem Hause aufgehängt war, und dann leicht zu überwältigen sein, wenn es sich nicht von selber ergäbe. Es kam aber nicht heraus, das Licht erlosch im Kammerfenster, und nichts mehr war zu hören als das Schnaufen der Tiere im Stall. Da ging er hinter das Haus, stahl die Unterwäsche des Mädchens vom Seil und nahm sie früh am nächsten Morgen mit auf die Alp.

Die Alp lag hoch zwischen rauen Felsbergen und ernährte während der Sommerwochen höchstens fünfzig Rinder und ein paar Kühe. Das Vieh war leicht zu hüten, es konnte sich nicht verlaufen, und da dem Näzl noch ein Handbub zur Seite stand, der fünfzehnjährige Karl, hatte er da oben kein strenges Leben. Karl, Kari genannt, musste anfeuern, Geschirr waschen, ein Schwein füttern, den Anken ins Tal tragen und Brennholz aus dem Wald heraufbringen. Näzl lag, wenn er nicht grad melken oder anknen musste, faul in der Sonne herum und dachte an die Weiber.

Einmal holte er die gestohlene Wäsche hervor und stopfte sie mit Wildheu aus. Als der Bub von der Weide kam und das sah, fragte er lachend: »Machst es Titti?« Ja, das mache er, bestätigte Näzl, es sei hier langweilig ohne Weibervolk, und jetzt werde so etwas angeschafft. Den Rock machte er aus einem alten Sack, den Kopf aus Moos und Lumpen, in die er Augen, Mund und Nase hineinschlitzte. »So es Gschüüch!«, rief Kari, als das Ding fertig war, und wirklich sah es aus wie eine Vogelscheuche. Näzl aber nannte es Wifeli, er nahm es um die Mitte und tanzte mit ihm.

Abends, als sie sich zum Essen hinsetzten, rief er: »Chumm, Wifeli, sitz zueche!« Und er setzte es hinter den Tisch auf die Wandbank. Es saß dort in der dämmerigen Ecke, vom offenen Herdfeuer nur beleuchtet, wenn eine Flamme höher flackerte, und sah fast aus wie lebendig; einmal neigte es sich langsam vornüber und fiel mit der Brust auf den Tisch. Kari lachte, aber Näzl rief, das Meitli sei noch zu schwach, man müsse ihm zu fressen geben, damit es erstarke. »Hesch Hunger?«, fragte er es und strich ihm Anken ins Maul. Als die Nacht anbrach, sagte er: »Chumm, Wifeli, wend go schlafe!« Er trug es hinauf ins Genist und legte sich zu ihm.

So trieb er es ein paar Tage lang, dann fand er das sonderbare Geschöpf schon nicht mehr gut genug, er begann allerlei an ihm zu verbessern und nahm sogar Anken dazu. In der folgenden Nacht schien das Gschüüch an ihm zu erwarmen und seufzte ein wenig, sodass er erschrocken auffuhr. Darüber erwachte Kari in seinem Wildheunest und fragte: »Was ist?« Er bekam keine Antwort, sah aber, wie Näzl die Laterne anzündete und damit sein Lager beleuchtete, wie er sie wieder löschte und sich hinlegte.

Tags darauf stieg Kari zu Tal, um einen Ankenstock abzuliefern und am folgenden Morgen mit Brot und anderen notwendigen Dingen zurückzukehren. Näzl machte indessen gegen Abend einen Rundgang um die Alp, sah nach, wie es mit dem Grase stand, und begann am Ende darüber zu grübeln, ob wirklich das Wifeli geseufzt habe. Das konnte er fast nicht glauben, er hatte gewiss nur sich selber gruchsen gehört. »Und wenn es nun doch das Wifeli gewesen wäre?« Er blieb stehen, an der hintersten Alpgrenze, beim wüsten Geröll, das aus verwitternden Felsklüften herabgestürzt war, und brütete diesen Gedanken aus. Er stand allein im gewitterschwülen Abend, das Vieh weidete vorn bei der Hütte, weit und breit war da kein anderer Mensch als er, und in dieser unheimlichen Einsamkeit sann er wie ein schon halb Verstörter: »Wenn es möglich wäre, zu seiner eigenen Lust ein lebendes Weib zu machen, ein junges, schönes, lebendes Weib? Verflucht und verdammt, wenn das möglich wäre!« Er dachte ans Wifeli, mit dem er zum ersten Mal nachts allein sein konnte, und es zog ihn zu ihm wie zu einem richtigen Meitli. Er kehrte über die Alp zurück, es begann zu nachten und donnerte dumpf durch die schwarzgrüne Dämmerung. Mit starrenden Augen kam er zur Hütte, ging hinein und nahm das Wifeli in die Arme.

Er saß neben ihm am Tisch und redete schandbare Dinge, er trank schwarzen Kaffee mit Schnaps und nahm es auf die Knie, er tunkte einen Finger in den Schnaps, steckte ihn dem Lumpenmeitli ins Maul und hieß es lutschen. Zuletzt trug er es die Leiter hinauf und legte sich zu ihm ins Genist. Wiederum schien es zu erwarmen und begann hörbar zu seufzen, doch konnte es auch der Gewitterwind sein, der zischend über das Schindeldach sauste. Dem Näzl aber wurde heiß und heißer, er spürte zwei Arme, die sich um ihn schlossen, und eine Stimme sagte: »Blyb bymer und verchlüpf nid, ich bi nur es arms Meitli.« Er schrak gewaltig zusammen und war eine

Weile wie von Sinnen, aber er konnte nicht loskommen, seine Gier war schon stärker als seine Vernunft.

Im Morgengrauen schlich er zur Hütte hinaus und lief auf der Weide barfuß im Regen herum, bis der Tag anbrach und ihn ernüchterte wie nach einem Rausch, dann kehrte er zurück. Er redete sich ein, geträumt zu haben, aber aus der offenen Hüttentür zog Rauch vom Herdfeuer, ein Meitli trat auf die Schwelle und rief: »Chumm cho z morgenässe, Näzl, es isch gmacht!« Es trug Wifelis Lumpenkleider, war aber so sprühend lebendig, so jung und schön und wohlgewachsen wie das schönste Meitli, das er sich jemals vorgestellt hatte. Er tat, als ob er nicht wüsste, und fragte, wer es sei und wo es herkomme. Es antwortete lachend, das wisse er selber wohl genug, es sei das Wifeli, und weiter gebe es da nichts zu fragen.

Noch einmal packte ihn ein Grauen, aber er ging hinein und aß mit ihm. Es lachte, plauderte, warf ihm verliebte Blicke zu und saß ihm auf die Knie, sodass es ihm schon wieder warm wurde. Er konnte es auch gar nicht genug anschauen, so wohl gefiel es ihm, und da von nun an alles mit natürlichen Dingen zuging, erlahmte sein Widerstand.

Gegen Abend kam Kari zurück und wunderte sich über das Meitli. Näzl sagte, das sei seine künftige Frau, er habe sie heraufkommen lassen, und nun sei sie eben da; um ihr besseres Kleid zu schonen, trage sie zur Arbeit die Lumpen vom Titti. Sie heiße Katry, aber er sage ihr Wifeli. Kari sah es nicht ungern, dass hier noch jemand mithalf.

Näzl aber war dem heillosen Meitli bald ganz verfallen, und sie führten zusammen ein schändliches Leben. Als der Sommer zu Ende ging und Näzl von der Abfahrt redete, bat Wifeli, er möge doch dableiben und den Kari mit dem Vieh abfahren lassen. Das gehe nicht, erwiderte er. Zuerst müsse er mit den Kühen und fünf vorgemerkten Rindern noch selber hinab, das sei so abgemacht; nachher komme er zurück, und dann würden sie alle zusammen mit der Herde auf die untere Alp abfahren, wo die Eigentümer ihr Vieh in Empfang nähmen. Wifeli sagte nichts dazu, aber sie machte Augen wie nachts eine strolchende Katze.

Kurz darauf fuhr Näzl mit den Kühen und Rindern ins Tal hinab, wo die Eigentümer sie den Händlern vorführten, die sich schon vor dem Hauptmarkt umsehen wollten. Er traf ein paar Rinderhirten, die von anderen einsamen Alpen herabgekommen waren und hier im Dorf wieder einmal trinken und lustig sein wollten. Sie kannten ihn als berüchtigten, aber erfolglosen Meitlischmöcker und fragten ihn anzüglich, ob er es auf der Alp ohne Weibervolk ausgehalten und sich weiterhin im Fasten geübt habe.

Früher hätte er ihnen auf solche Fragen böse zugerufen, sie könnten ihm doch alle zusammen lecken, und wäre wütend weggelaufen. Jetzt stand es anders mit ihm, er lachte höhnisch und erwiderte, wenn sie nicht weniger gefastet hätten als er, so würden sie jetzt alle wie Schwindsüchtige aussehen. »Oho«, riefen sie, »dann zahl aber! Wenn etwas dran ist, dann zahl uns einen Liter, so viel wirds doch wert sein!« »Ihr könntets nicht saufen, wenn ich euch zahlen wollte, was es wert ist«, entgegnete er und schrie dann, die Faust auf den Wirtstisch hauend: »He, Marie, bring einen Doppelliter!« Da wurden sie nun erst recht neugierig, sie rückten zusammen, tranken ihm zu und fragten, ob ihm dort oben etwa eine alte Feckerin oder sonst ein verlaustes Hudelweib zugelaufen sei. Er blieb ihnen auch darauf die Antwort nicht schuldig, er machte großartige Andeutungen, und je mehr sie daran zweifelten, umso üppiger prahlte er.

Angeheitert zogen sie darauf im Tal herum, von einer Wirtschaft zur anderen, und schlugen erst um Mitternacht lärmend und jauchzend den Rückweg zum Dorfe ein. Es war eine stürmische Mondnacht, zerrissenes Gewölk jagte über den Himmel hin, schwarze Schatten und bleiche Schimmer geisterten auf den Bergwäldern. Näzl konnte jetzt sein Maul schon gar nicht mehr halten und schrie, ein schöneres und hitzigeres Meitli als das seine habe noch keiner gehabt, und wer das nicht glaube, werde es bald selber sehen. Einer der betrunkenen Hirten deutete auf den nahen Acker hinaus und fragte: »Ist es ein so schönes wie das dort?« Auf dem Acker stand eine alte Vogelscheuche in einem zerschlissenen grauen Weiberrock, mit einem Lumpenkopf und schief gestellten Armen; in ihrer erhobenen Rechten baumelte wie ein schwarzer Strickbeutel eine halb verweste Krähe, und sie schien damit zu winken. »Lue da, my Schwägeri!«, rief Näzl. Er sprang über den Lattenhag in den Acker hinein, näherte sich ihr mit offenen Armen und begann in seinem trunkenen Übermut mit dieser Lumpenschwägerin zu tanzen.

Die Hirten lehnten sich lachend auf die Haglatte und feuerten ihn mit Zurufen und Jauchzerschreien an, doch bald staunten sie, dass man auf bloßer Ackererde so tanzen konnte. Vor ihren Augen drehten sich die zwei Gestalten eng aneinandergeschmiegt wie ein richtiges Paar auf dem gewichsten Wirtshausboden, nur schneller noch. Sie fanden es unheimlich, ihnen schien, Näzl tanze nicht mehr aus eigenem Willen, sondern es werde mit ihm getanzt, und zwar so, dass auch der beste Tänzer es nicht lang aushalten könnte. Sie verstummten ernüchtert, einer nach dem anderen, sie rissen Mund und Augen auf, wurden bleich und traten entsetzt vom Hag zurück.

Im hastigen Wechsel von Schatten und Mondschein drehte das Paar sich rasend, und ein Wirbelsturm ging von ihm aus, der stäubte ringsum Erde vom Acker, schüttelte drüben am Bach die Erlen und Weiden und blies eine heulende Tanzmusik. Von den Tanzenden selber hörte man keinen Laut. Dem Näzl aber flogen die Kleider wie faulende Lumpen vom Leibe, seine Haut zerriss zu Fetzen, sein Blut spritzte herum, sein rotes Fleisch begann zu schrumpfen. Als vom Geschundenen nichts mehr zu sehen war, stand die Vogelscheuche wieder starr an ihrem Platz, der Wirbelsturm legte sich, und die Nacht war wie vorher, es windete im Tal, und Wolken flogen am Mond vorbei.

Die Hirten gingen still und bleich ins Dorf und kehrten am anderen Morgen in ihre Alphütten zurück. Als man sie später nach dem Näzl fragte, sagten sie nur, er müsse beim Aufstieg zur Alp verunglückt sein und irgendwo liegen, wo man ihn nicht finden könne. Was sie in jener Nacht mit eigenen Augen gesehen hatten, verschwiegen sie, weil zu ihrer Zeit schon niemand mehr so etwas geglaubt hätte. Einer von ihnen aber ging am Tage vor der Abfahrt zum jungen Kari und half ihm. Kari erzählte, Näzl sei mit den Kühen und fünf Rindern zu Tal gefahren, und in der Nacht darauf sei hier sein Meitli fortgelaufen; von beiden habe er seither nichts mehr gesehen.

Nidwaldner, Obwaldner, Schwyzer und Einsiedler

Linus Birchler

Im Charakter sind die Bewohner der drei – oder vier – Länder erstaunlich differenziert. Jeder will seine eigene Wurst braten. So witzig wie die Appenzeller und Basler sind die Muotataler; sie verstehen es geradezu virtuos, in gespielter Naivität ironisch zu reden, und sind darin den Obwaldnern und vor allem den Engelbergern verwandt. Umgekehrt dichtet man den Gersauern alle nur denkbaren Schildbürgereien an. – Die Nidwaldner, unter denen, vor allem in Stans, noch heute Originale wachsen, wie aus Seldwyla stammend, sind begeisterungsfähig, rasch entflammt und ausgesprochen den schönen Künsten zugeneigt, wie später gezeigt wird. Einer, der es wissen musste, der verstorbene Nidwaldner Landschreiber Franz Odermatt, schrieb: »Während der Urner – trotz Schillers *Tell* – so etwas wie Pathos nicht kennt, erliegt der Unterwaldner dieser Versuchung gerne, und manchmal gerät dieses Pathos in verdammt gefährliche Nähe der Demagogie.« Die Obwaldner, auf der andern Seite des Kernwaldes, sind kühler und bedächtiger, oft auch geschäftstüchtiger. Ihre Aufgeschlossenheit erklärt sich teilweise aus dem Verkehr über den Brünigpass, der die Einwohner schon früh mit Fremden in Berührung brachte, während Nidwalden, ein einziges weitverzweigtes Tal, bis in die Neuzeit hinein – der Seeweg ausgenommen – ohne praktikable Verbindungen mit der Außenwelt war. Der elementare Unterschied zwischen den beiden Halbkantonen zeigt sich besonders deutlich in ihrer Politik: Obwalden blieb dem Bund von 1291 vorerst zögernd fern, und beim Einfall der Franzosen hielt es sich klüglich außer Gefecht. – Nicht leicht auf eine Formel zu bringen ist der Charakter der Urner. Die Bewohner der meist engen Seitentäler des obern Reusstales sind verschlossen, misstrauisch und gelegentlich eigensinnig, im Gegensatz zu den viel gelösteren und temperamentvolleren Leuten im Urserntal und in der weiten Ebene von Flüelen aufwärts entlang der Gotthardstraße. Das Leben in den Dörfern längs dieser Verkehrsader Europas hat den Blick der Menschen schon früh geweitet und erklärt, zusammen mit der Blutmischung, ihre Beweglichkeit und Zugriffigkeit. Über ihre nördlichen Nachbarn urteilen die Urner: »Was wir im Wappen haben, tragen die Schwyzer auf den Schultern.«

Ähnlich einschneidend wie bei den Nid- und Obwaldnern ist der Unterschied zwischen Einsiedlern und Schwyzern, der sich erst als eine Folge der Grenzbesetzung in den beiden Weltkriegen abstumpft. Nur durch die beiden Mythen getrennt, liegen nahe beisammen die zwei großen geistigen Zentren der Alten Eidgenossenschaft, die politische Keimzelle Schwyz und der religiöse Mittelpunkt Einsiedeln, der nationale Wallfahrtsort Unserer Lieben Frau. Von beiden Orten strahlten Einflüsse weit in die Welt hinaus. Die Schwyzer Staatsgedanken waren von erstaunlicher Stoßkraft; ihre Auswirkung lässt sich bis zu den Dithmarschen verfolgen. Bedeutende Staatsmänner und Krieger, vor allem die Reding, Ab Yberg und Stauffacher, wussten die Schwyzer Staatsideen und sich selber kraftvoll durchzusetzen, und hinter ihnen stand der Wille zum Staat eines in sich geschlossenen freien

Völkleins. Vielleicht noch umfassender ist die religiöse Einfluss-Sphäre des Wallfahrtsortes und Stiftes Einsiedeln; so ist zum Beispiel schon für 1370 eine Pilgerfahrt aus Lübeck bezeugt. Aber Schwyz und Einsiedeln, der patriotische und der religiöse Mittelpunkt der Alten Eidgenossenschaft, obwohl nur wenige Wegstunden voneinander entfernt, berührten und beeinflussten einander nicht; die gegenseitigen Wellen scheinen sich zu überspringen. Ein sinnenfälliger Ausdruck davon ist die Verehrung des Einsiedler Gnadenbildes: Südlich der Mythen sind fast keine Kopien davon zur Verehrung aufgestellt (jedoch in Innerschwyz, Uri und Unterwalden wohl fast hundertfach die Thaumaturgen von Innsbruck und Genazzano). In Deutschland, Österreich und auch in Frankreich wurde die Einsiedler Gnadenkapelle samt ihrem Gnadenbild und den drei Fassadenreliefs an zahlreichen Orten möglichst getreu kopiert. In der Schweiz stehen nur ganz wenige derartige Repliken (die relativ genauesten bei den Franziskanern in Freiburg und, in bescheidenster Form, in einigen Frauenklöstern). Die Gnadenkapelle von Loreto jedoch, mit dem Einsiedeln als Wallfahrtsort rivalisierte, wurde in allen Teilen der katholischen Schweiz maßstäblich getreu wiederholt, am schönsten in Freiburg, in unserm Gebiet oberhalb Bürglen (am Beginn des steilen Holzweges zur hoch gelegenen Wallfahrtskapelle Riedertal), im nidwaldischen Ennerberg bei Buochs, im Kanton Schwyz in Biberegg sowie, sehr einfach, in Kromen bei Tuggen (in der von Konrad Escher von der Linth ab 1807 entsumpften Ebene). Vorbild in der Architektur und in der Kopie der fragmentarisch erhaltenen Wandbilder in Loreto selber war die Loretokapelle in der überfantastisch ausgestatteten Wallfahrtskirche von Hergiswald oberhalb Kriens LU.

Umgekehrt figuriert in den drei ehemaligen Untertanenbezirken nördlich der Mythen der Mythos der Entstehung der Eidgenossenschaft nirgends im Bild, und nur ausnahmsweise erscheint, an die Fassaden zweier Kapellen gemalt, die Darstellung der schwörenden Drei Eidgenossen (Fuchsberg oberhalb Pfäffikon und St. Jost bei Galgeneis). Die Untertanen hatten eben keinen inneren Anteil an der Entstehung der Eidgenossenschaft; und den Schwyzern, deren früheste Kämpfe (im Marchenstreit) gegen das von Kaisern geschirmte Kloster gerichtet waren, blieb das religiöse Phänomen Einsiedeln fremd. Schwyz lebt vom vaterländischen Mythos, die Waldstatt vom religiösen Erbe, vom Kloster und der Wallfahrt, ohne dass die Einsiedler deshalb frömmer wären als die übrigen Urschweizer. Mit dem schwerblütigen, behäbigen und zähen Schwyzer, der sich den Reiseverkehr fernhielt, kontrastiert elementar der bewegliche, anpassungsfähige, fantasievolle Einsiedler, dessen Wesen schon früh vom Kontakt mit den Pilgern aus halb Europa mitgeprägt wurde, abgesehen natürlich vom Bauernstand. Hier wirken die Gegensätze der Abstammung, der Geschichte und der sozialen Grundlagen. Der Schwyzer strebt nach einem Beamtenposten, der Ersatzform des Kriegers; der Einsiedler Dörfler ist im Wesen Handelsmann, Wirt und Handwerker; die Armut des einsamen Hochtales und die Erkenntnis der praktischen Vorteile des Wallfahrtsortes weckten seinen Geschäftssinn. Beide wurzeln zum Glück in der mütterlichen Scholle, im Bauerntum. Die Einsiedler sind künstlerisch veranlagt; das Kunstwerk der Schwyzer aber ist der Staat.

Verschiedenheit der Charaktere tritt auch geradezu spaßig in zwei nur durch eine Wegstunde getrennten schwyzerischen Dorfzentren in Erscheinung: Der große Hauptplatz von Schwyz, eine bewusst städtebauliche Schöpfung aus der Mitte des 17. Jahrhunderts, präsentiert sich tagsüber meist fast unbelebt, ausgenommen nach der Sonntagsmesse, wenn Bauern und Dörfler plaudernd zusammenstehen. Während der

Woche überqueren die Einheimischen den Platz ohne zu verweilen; Beamte steigen gewichtig die Rathaustreppe hinauf. Die Häuserfronten wirken leer und ausgestorben. Doch von den Fenstern aus wird der Platz insgeheim überwacht; weil man wissen will, wer zu wem geht, liegen auf vielen Fensterbänken Operngucker bereit (wie ich sie gelegentlich selber benützte, um zusammen mit Freunden zu erspähen, wohin und mit wem dieses oder jenes Mädchen ging). Als der Maler Hans Beat Wieland, der einige Zeit in einem Schwyzer Herrenhause wohnte, diese Eigenart des Dorfplatzes entdeckt hatte, blieb er gelegentlich zwischen Herren- und Rössligasse stehen und grüßte zeremoniell nach allen vier Seiten an die scheinbar toten Häuserfronten hinauf. – Ganz anders Brunnen. Sein nach dem See hin offener Hauptplatz, das Schiltennüni, bildet bereits eine richtige Piazza wie jenseits des Gotthards. Schon wenn im Jänner die Sonne lockt, rücken die Leute ihre Stühle vor die Haustüren und halten einen nachbarlichen Schwatz. An Sommerabenden genießen sie die Kühle, plaudern, schlendern zu Bekannten, in Läden oder Wirtschaften. Ein geistvoller Brunner, der viel zu früh verstorbene Radiochronist der Urschweiz Dr. Hermann Stieger, hat die beiden Dörfer auf die Gottfried-Keller'sche Formel gebracht: Ruechenstein und Seldwyla – was aber heute nicht mehr stimmt.

Die Hauptstraßen von Schwyz und Altdorf heißen »Herrengasse«. Dies ist für die seit dem 16. Jahrhundert zu verfolgende soziale Umgruppierung bezeichnend, indem immer mehr Familien, vor allem durch fremde Kriegsdienste, zu Reichtum gelangten. In Altdorf war ein italienischer Einschlag im Straßenbild bis vor Kurzem noch manifester, denn der Hauptstraße entlang waren zwei Granitstreifen in der Distanz von Wagenrädern verlegt, nach ennetbirgischer Weise. Sehr richtig schreibt Goethe 1797 über Altdorf: »Der Ort selber mit seinen Umgebungen erscheint im Gegensatz von Schwyz; er ist schon stadtmäßiger, und alle Gärten sind mit Mauern umgeben. Ein italienisches Wesen scheint durch, auch in der Bauart. So sind auch die unteren Fenster vergittert; die starke Passage scheint solche Vorsicht notwendig zu machen.«

Feckerchilbi in Gersau

Venanz Nobel

1982 war mein Wohnwagen, den ich hinter mir herzog, so neu wie das Organisationskomitee, das publikumswirksam »650 Jahre freie Republik Gersau« feiern wollte. Mein erster Wohnwagen, mein erster Sommer im Wohnwagen, meine erste Feckerchilbi. Ich bin angekommen. Angekommen in Gersau, angekommen bei meinen Leuten, meinem Volk, bei mir, in der Fremde.

Seit 1818 gehört Gersau zum Kanton Schwyz, dem Heimatkanton vieler Jenischer, dem Kanton, in dem ich aufgewachsen bin, zur Schule ging, mich heimisch fühlte. Mein Vater nahm mich mit auf den Großen Mythen, auf die Rigi. Wanderungen, Bergtouren, Eroberungen einer eigenen Heimat, die Vater nie hatte. »Wir sind halt Zigeuner«, erklärte er mir, während wir wochenlang von Heustock zu Heustock zogen und abends eine Suppe kochten auf dem mitgeschleppten Gaskocher. Oben glänzten die Sterne, neben mir glimmte Vaters Zigarette.

Mit offenem Ohr und Herz lauschte ich seinen Lebensphilosophien. Selbst gezimmerten, schließlich hatte er ja eine Schreinerlehre gemacht, damals, als die Schulzeit vorbei, »der Siegfried« von der Pro Juventute aber noch immer sein Vormund war. Das Hilfswerk »Kinder der Landstraße« hatte ihn und seine Geschwister aus dem Haus gestohlen, in dem meine Großeltern wohnten, sie ihrer Identität, ihrer Geschichte, ihrer Kultur beraubt. »Der Siegfried« wurde wegen dieses Diebstahls nie angeklagt, obwohl meine Großeltern ihr ganzes Geld zu den Anwälten trugen. Das kleine Wissen, das Zigeunersein, war Vaters privater Stolz, seine Identität, die er sich ganz allein aufgebaut hat. Niemand hat ihm dabei geholfen, konnte ihm dabei helfen.

Für mich war es ein leerer Rucksack, den ich mit Geschichte füllen wollte. Geschichten sammeln sich darin, eingefangen an Lagerfeuern, auf dem Sofa im Wohnwagen, in der Beiz. Geschichten über meine Großmutter, die hausieren ging und abends in der Beiz jodelte, wenn der Grafen Menz das Schwyzerörgeli spielte. Geschichten über meinen Großvater, der zu Hause in der Baracke Körbe flocht und seinen Kindern Geschichten erzählte. Der an der Mauer des Kinderheims sang und weinte, als er keine Geschichten mehr erzählen durfte. Geschichten von Jenischen und ihrem Leben, damals in der Kiesgrube, heute auf dem Parkplatz. 1982 war ich kein Zigeuner mehr, ich war jetzt ein Jenischer, der weiß, was ein Jenischer wissen muss, der seine Tante bewundert, die jahrzehntelang ihre Brüder und Schwestern suchte und sich erst zufriedengab, als sie jeden Grabstein unserer Familie kannte.

Stolz lenkte ich mein Gespann durch die vielen Kurven der Rigi entlang, vorbei am Steinbruch und dem alten Hotel, das auf einem Felsvorsprung über dem Vierwaldstättersee thronte. »Gersau« steht auf der blauen Tafel am Ortseingang. Ankunft in der »freyen Republik«, bei freien Bürgern, die stolz sind auf ihre Geschichte, ihre Traditionen, Identität, Kultur. Diese Republik hatte natürlich wie jeder rechte Staat auch seine Gesetze. Eines müsste ich nach heutigem Maßstab beim Europäischen Menschenrechtshof als Diskriminierung eines ganzen Volkes einklagen. Gersau verbot nämlich Hausierern, Fahrenden, Zigeunern – oder Feckern, wie wir in der

Zentralschweiz heißen – den Zutritt und Aufenthalt in seinem Staatsgebiet. Andere Zeiten, andere Sitten. Das Verbot war gleichzeitig eine Einladung, denn einmal jährlich war in Gersau drei Tage lang Feckerchilbi. In dieser Zeit durften alle kommen, waren alle eingeladen, eingeladen im wörtlichen Sinne.

Nun soll also wieder Feckerchilbi sein, wie damals, als die höchste Gewalt bei der Landsgemeinde lag, mit Richtstätte und Galgen als Zeichen der hohen Gerichtsbarkeit. Das Aufstellen der Wohnwagen ist ein jenisches Ritual. Wer neben wem? Die Wagen längs oder quer zur Straße ausrichten? »Hallo, Käthi, hallo, Walti, wie gehts? Seid ihr in Schuss?« Schnell setze ich den breitrandigen Hut auf. Zusammen ziehen wir los, bergan, zum Restaurant Trübeli, einer jenischen Hochburg auf Zeit. »Tag wohl!«, grüße ich die Leute, die »meine« Sprache sprechen. »Lue da, d' Fecker chämid«, kommentiert der Stammtisch.

Als die Idee keimte, im Rahmen des Jubiläums »650 Jahre Gersau« die Tradition der Feckerchilbi aufleben zu lassen, waren viele Bedenken zu überwinden. Aber die Toleranz der selber recht eigenwilligen und auf ihre Besonderheiten stolzen Gersauer überwog: »Lemmer si einisch la choh!«, stand in der Lokalzeitung zu lesen. Der Lebenskreis schließt sich zum Rad der anderen, der Fremden. Viele Biere später staunt Geri, der Baumeister: »Das hett i nie tänkt, die händ ja aine debi, de teent fascht wie nen Üsrige!«

Über hundertsechzig Jahre ist es her, dass die Gersauer ihre politische Eigenständigkeit verloren, den Eigensinn haben sie so gut bewahrt wie die Festfreude. So kam es, dass sie mit den Jenischen wetteifern, wer nun größer feiern könne. Auch das Zeitenrad ist rund. 1864 beschrieb der deutsch-schweizerische Kriminal- und Rechtswissenschaftler Eduard Osenbrüggen den Übermut der Vagabunden so: »Zum Zeichen des

Überflusses werden die Zweige von den Gesträuchen in die ›Küechli-Pfanne‹ heruntergebogen, um die daranhängenden Blätter als neu gebackene ›Küechli‹ zurückschnellen und als nagelneue Früchte von der neugierigen Jugend pflücken zu lassen … Freudig schmunzelt der Wirth bei der Ankunft dieser Gäste, die heute Geld in Hülle und Fülle haben und bereit sind, auch den letzten Heller in Saus und Braus zu verzehren.« *(Neue kulturhistorische Bilder aus der Schweiz)*

Der Dorfhistoriker blüht auf, als er merkt, dass wir uns für sein Wissen interessieren. Mit glühenden Augen erzählt er, was alles im *Waldstätter Boten* vom 22. Brachmonat 1830 über unsere Vorfahren gestanden habe: »Nach beendigtem Umzug kehrten sie wieder in ihre Schlupfwinkel zurück, und in den Scheunen wurde munter getanzt. Die ältern Männer zogen sich in einen Gaden zurück, um die Angelegenheiten der wandernden Republik zu berathschlagen.« Und Regierungsrat Camenzind aus Gersau schrieb 1864 in einem Rückblick auf die damals schon über dreißig Jahre abgeschaffte Feckerchilbi: »Ein von ihnen erwählter Altvater erhält die Ordnung aufrecht, und höchst selten gibt es Streitigkeiten.«

Damit es auch im 21. Jahrhundert so bleibe, wird schnell ein neuer Altvater bestimmt. Clemente Graff, ein »Kind der Landstraße«, der die Vernichtung der jenischen Kultur am eigenen Leib erfahren hatte, sich aber nie einschüchtern ließ und einer der ersten Kämpfer für die Anerkennung seines Volkes wurde, verdiente den Ehrentitel; er leitete die Feckerchilben bis an sein Lebensende.

Manche Rädchen der Zeit werden 1982 ein Stück zurückgedreht und allerlei Traditionen von Gersauern und »Gaunern« beschworen. Wie einst dauert die Feckerchilbi drei Tage und findet am Auffahrtswochenende statt. Doch die Fahrenden waren nicht hundertsechzig Jahre stehen geblieben. Damals mussten sie zu Fuß von Lauerz über den Gätterlipass reisen, weil die kleine Republik nur so oder per Schiff zu erreichen war. Heute führen wir in unsern Gespannen Marktstände und Musikinstrumente mit, unsere Gaukler stellen kleine Varietébühnen auf – für die Dorfjugend die »Fecker-Küechli« des 21. Jahrhunderts.

Am Sonntagmorgen aber vereinen sich Dorf und Jenische ganz brav auf der Wiese neben der Dorfkirche zum Gottesdienst. Aus Zürich ist Obdachlosenpfarrer Ernst Sieber angereist. Er schwenkt eine Laterne: »Ich suche einen Menschen!« Sieber muss nicht lange suchen. Rund hundertzwanzig Jenische und Massen von Besuchern nehmen teil an der ersten Feckerchilbi der Neuzeit. Das touristische Gersau freut sich über den Großerfolg, das Fernsehen filmt, Zeitungen und Zeitschriften der ganzen Schweiz berichten.

Gläubig sind wir auch, manche mehr als gläubig, nämlich abergläubisch. Ich glaube, es war bei der dritten Feckerchilbi, als ich mit ein paar befreundeten Familien einen gemeinsamen Standplatz beziehen wollte. Die Leute vom Gersauer Organisationskomitee zeigten uns, nichts Böses ahnend, einen ausreichend großen Parkplatz, wo unsere Wohnwagen Platz gefunden hätten. Da haben sie die Rechnung aber ohne Daniel gemacht! »Was meint ihr eigentlich, wer wir sind!«, herrschte er Baumeister Geri an. »Willst du mich ins Unglück stürzen? Hier kannst du ja selber wohnen, wenn du Mut hast, aber du hast ja dein schönes Haus oben auf dem Hügel.« Weder tausend Pferde noch ein Versprechen auf einen Sack Gold hätten Daniel hierhergebracht. Der Parkplatz grenzte nämlich an die Friedhofsmauer – und hinter dieser Mauer wohnt der Mulo, der Geist der Toten. Wer weiß, in welcher Nacht er über die Mauer steigt? Was dann, wenn ihm ausgerechnet unsere Wohnwagen im Wege stehen?

Nach vielem Ratschlagen kam Geri die rettende Idee. Er überbaute gerade mitten im Dorf ein großes Grundstück.

»Dann haben meine Arbeiter halt ausnahmsweise einen Tag frei!«, beschloss er und ließ uns auf das mit Kies begradigte Bauland fahren. Ein komfortabler Platz, Daniels Angst hat sich für alle bezahlt gemacht. Wir wohnten mitten im Geschehen, hatten abends keinen langen Heimweg und morgens den Feckermarkt mit unseren Ständen gleich vor der Wagentür.

Der zweite Abend war gemütlich wie gewohnt. Wir lauschten unsern Musikanten, prosteten einander zu und aßen die Dorfspezialität, eine Käsewähe. Weil am nächsten Morgen früh Tagwacht war, gingen wir auch nicht zur Unzeit ins Bett. Kaum eingedöst, begann es an meinem Wagen zu rütteln. Verschlafen öffnete ich, Daniel flüsterte mir zu: »Du, da draußen ist ein riesengroßer Tschueper, ein Gespenst. Sein Schatten verdunkelt den halben Platz und bewegt sich hin und her. Ich denke, wir sollten uns in Sicherheit bringen.« Man hörte unheimliche, quietschende Geräusche. Ein Föhnsturm kam auf, der Baukran drehte sich langsam im Wind hin und her!

Auch der »Landtag« der Jenischen erlebte eine Auferstehung. 1985 wurde in den Gersauer Gasthöfen noch eifriger diskutiert als in den Vorjahren. »Es muss endlich etwas geschehen!« Von Jahr zu Jahr verschwinden mehr traditionelle Standplätze. Auch im nahen Luzern gibt es keinen Aufenthalt mehr, die Luzerner Regierung fühlt sich nicht einmal bemüßigt, die Briefe der Radgenossenschaft zu beantworten. Dank unserer Sprache ahnte kein Außenstehender, welch ungewöhnliches Vorhaben in Gersau aus der Taufe gehoben wurde: die erste Demonstration von Jenischen!

Brav wurden am Sonntagabend die Marktstände eingeräumt. Am nächsten Morgen aber versicherte sich mancher mit verstohlenem Blick, ob er nicht doch allein bleibe. Die Stützen der Wohnwagen wurden hochgekurbelt, die Anhängerkupplung eingeklinkt. Dann zog die Karawane los. Nicht wie gewohnt in alle Winde, sondern im langen Konvoi dem

See entlang zum Parkplatz des Luzerner Verkehrshauses. Ein symbolischer Platz. Doch die anrückende Motorradstaffel der Polizei hatte keinen Sinn für Symbolik. Der Platz werde benötigt für Touristencars und Museumsbesucher. »Wenn das so ist, funken Sie mal Ihrem Chef! Wir wollen mit dem Regierungsrat verhandeln und ziehen nicht einfach wieder ab!«

Heute erinnert der Standplatz der Stadt Luzern an die erfolgreiche Demonstration. Vielleicht ein Meilensteinchen auf dem Weg zum »Kanton Scharotl« (jenisch für Wohnwagen), zur Anerkennung des jenischen Volkes, das von Gersau aus loszog, seine Freiheit zu erlangen, so wie die Gersauer 1386 in die Schlacht von Sempach zogen, um als »freye Republik« und zugewandter Ort ins Bündnis der Eidgenossen aufgenommen zu werden.

Das Festmahl der Königin

Josef Maria Camenzind

Um die Mitte des vorletzten Jahrhunderts wurde die Schweiz mehr und mehr zum Zentrum des Fremdenverkehrs. Das Appenzellerland, das Engadin, das Berner Oberland, die Gestade des Genfersees und die Innerschweiz waren in den Sommermonaten das Stelldichein zahlloser Kurgäste aus aller Herren Länder. Auch das Dorf Gersau profitierte davon. Die Pfiffigeren der Dörfler hatten es kommen sehen und schon lange voraus ihren Vorteil wahrgenommen. Sie bauten Gasthöfe und Hotels, renovierten und modernisierten Häuser, Krämerläden und Boutiquen und schickten während der Wintermonate die intelligentesten ihrer Söhne und Töchter ins Welsche, nach Frankreich oder nach England, damit sie dort die Sprache jener Kurgäste lernten, die hauptsächlich während des Sommers zur Erholung ins Dorf am Rigiberg kamen.

Immer mehr tauchten Ladenschilder und Wirtshaustaffären auf, die in einem mehr oder weniger guten Übersetzungsenglisch oder Übersetzungsfranzösisch die Kurgäste anziehen sollten.

Zwischen Kirche und Bachbrücke hatten die Brüder Baggenstoss einen Laden aufgetan, in dem sie Holzschnitzereien, Elfenbeinbroschen, Geldsäckel, Spieldosen, Bilder von Seen, Wasserfällen, Alphornbläsern, Schwingern, Ringern und Jodlern verkauften. Den Engländern kündeten sie das mit der Aufschrift an: Bazar of Baggenstoss Brothers, swiss woodsculptures, ivory-brooches, swiss views, costumes, photographes, travelling-articles, bags, music boxes.

Einen Finkenflug weiter stand ein neues Geschäft, das ebenfalls Reiseandenken, Spielzeuge und Kurzwaren feilhielt und sie auf Französisch mit den Worten anpries: Objets en bois sculpté de l'Oberland bernois, jouets et Quincaillerie.

Einen Steinwurf weiter war fast über Nacht ein Delikatessenladen erstanden, der gar in französischer, englischer, italienischer und deutscher Sprache Südfrüchte, Gemüse, Tafelweine, Wurst- und Käsespezialitäten und andere Leckerbissen anbot.

Der Spezereihändler Nigg hatte seine Englischreklame auf den Tee spezialisiert und sie auf einer Schiefertafel, die er neben der Ladentüre aufhängte, mit den Worten formuliert: F. Nigg, grocer, begs to recommend his best Teas of the firm R. Twining & Comp., London.

Im Fleischladen aber hatte die Tante des Metzgers zwischen fein rasierten Schweinskopfgesichtern und großen, appetitlichen Schinkenseiten einen Karton gestellt, auf dem sie in Rundbuchstabenschrift ihre möblierten Zimmer mit der herrlichen Aussicht auf den See und die Berge mit dem französischen Satz anpries: A louer à des Etrangers plusieurs chambres garnies dans ma nouvelle maison très bien située, où l'on jouit d'une magnifique vue sur le lac et les montagnes.

Bei der Dampfschiffstation wimmelte es vor der Ankunft eines jeden Dampfers von Fremdenführern, Sänftenträgern, Maultier- und Lasteseltreibern, die darauf erpicht waren, die Kurgäste über die steilen Serpentinenweglein hinauf in die staublose, sonnige, würzige Höhe des Rigiberges, ins Hotel Rigi Scheidegg, zu führen.

Waren aber der Sänftenträger doch noch zu wenige, griff

der Brückenwart nach dem großen Horn, blies aus vollen Backen gegen den Berg hin Signale, die alle Sänftenträger in den Heimetli über dem Dorf genau kannten. Daraufhin verließen der Stockli Alois, der Breitloh Josef, der Bühl Benedikt oder der Adler Xaver, der Buchen Lienhard, der Schuoplis Kasimir mit Sänften und Tragtieren den Hof und machten sich ebenfalls auf den Weg zur Schiffsstation.

Das Zentrum des Fremdenverkehrs im Dorf, das zugleich das Post- und Telegrafenbüro beherbergte, aber war unstreitig das Hotel des Bezirksammanns und Kantonsrates Josef Müller, das Hotel Müller. Der weite, hohe, majestätische Bau konnte vor den besten Luzerner Hotels bestehen und übertraf damals alle andern Gaststätten der Dörfer rings um den Vierländersee, wie der Riese den Zwerg übertrifft.

An einem glanzvollen Augustvormittag des Jahres 1868, an dem sich all das abspielte, was nun erzählt werden soll, saß der Hotelier Müller, von den Dörflern meist nur Papa Müller genannt, im Büro und ging mit seiner Gattin Regina die Liste der angemeldeten Gäste durch. Es war eine recht stattliche und erlauchte Gesellschaft: Seine Durchlaucht Fürst Adolf Joseph Schwarzenberg auf Libejie, Böhmen; Gräfin Pouchkin mit Familie und Gefolge, Petersburg; Vicomte d'Izard-Freissinet, Paris; Baronin von Schenk und Tochter, Hessen; Herr von Burgdorf, königlich-sächsischer Regierungsdirektor, Leipzig; Geheimer Hofrat Dr. Kunze, Professor, Weimar; Geheimer Hofrat Dr. Straden, Kassel; Miss Gabriel, Washington; Kapitän Brown, New York; Reverend Jakob Wilkinson, London; Lady Montgomery mit Familie und Bedienung, London; Major Borrowes, Dublin; die Herren Dackmann, Djurman und Menquot, Stockholm, und Generalkonsul Roose, Malaga.

»Die Gräfin Pouchkin, der Herr Hofrat Straden, die drei Herren aus Stockholm und Lady Montgomery mit Familie nehmen hier nur den Lunch ein und ziehen dann mit den

Maultieren und Sänften weiter nach Rigi Scheidegg«, bemerkte Papa Müller. »Ich habe Karl bereits berichtet, er könne die Gäste zwischen fünf und sechs Uhr auf der Scheidegg erwarten.«

»Es ist gut so!«, antwortete Regina, »sonst hätten wir hier kein einziges Zimmer mehr frei. Ich gehe morgen wieder hinauf auf die Scheidegg und nehme die Leitung des Hotels wieder selber in die Hand. Der Karl ist doch noch etwas zu jung, um oben auf dem Berg noch längere Zeit den Hoteldirektor zu spielen, besonders, wenn jetzt solch illustre Gäste ins Haus kommen.«

»Na, na, na, Mutter, so schlimm ist das nun doch wieder nicht!«, erwiderte Papa Müller. »Ich war noch viel jünger, als ich den Bau und die Leitung des Hauses auf Scheidegg übernahm. Der Mann wächst mit seinen Aufgaben und mit der eigenen Verantwortung. Wer keine eigene Initiative entfalten kann und alles vorkommandiert bekommt, wird kein Pionier, unser Ältester aber soll einer werden!«

»Vater, ich fürchte, er wird keiner!«

»Warum?«, kams gedehnt vom Pult herüber, wo Papa Müller jetzt die Post sortierte.

»Einfach darum, weil du selber ein Pionier bist, und wo du bist, hat ein zweiter Pionier nichts mehr zu suchen!«

Vom Pult her kam jetzt ein unbeschwertes Lachen. »Und wenn die Mutter immer hinter dem jungen Burschen her ist, wird für ihn aus dem Pionierwerden wohl ebenfalls nichts! Übrigens, der Vetter Melchior schickt uns einen Kartengruß vom Kaiserschießen in Wien. Nimmt mich wunder, was er zu berichten weiß.«

Für einige Augenblicke war es still im Büro. »Das gleicht dem Melchior! Er sagt kein einziges Wort über sich«, ließ sich jetzt der Hotelier vernehmen. »In Wien hätten sich Tausende und Abertausende von Schützen aus allen deutschsprachigen Ländern eingefunden. Der Festzug habe von morgens neun

Uhr bis nachmittags vier Uhr gedauert. Die Schweizer seien fünfhundertfünfzig Mann hoch aufmarschiert, und hundertsechsundsechzig von ihnen hätten einen Becher herausgeschossen, und ein Schweizer sei Schützenkönig geworden, ein Schütze Staub aus Wädenswil, und der Schwyzer Landammann Styger habe in der Kaiserstadt vor den unzähligen Schützen eine fulminante Rede gehalten. Über sich aber lässt der Melk keinen Ton hören!«

»Schick ihn einmal zu mir auf den Rigi, wenn er von Wien zurückgekehrt ist; er muss mir vom Schützenfest und von Wien und all dem Drum und Dran seiner Schützenfahrt erzählen«, bat Frau Regina.

»Ja, das will ich gern tun. Jetzt haben wir uns aber lange genug unterhalten, frisch an die Arbeit. Ich mache noch meinen Rundgang durch die Keller und die Küche, und du schaue, bitte, einmal nach, ob im Garten am See für die Münchener Artilleriemusikanten alles bereit ist; sie kommen mit dem Elf-Uhr-Schiff an, nehmen hier das Mittagessen und geben dann ein Nachmittagskonzert.«

»Aber, Vater! ›Münchener Artilleriemusikanten‹, sagst du einfach so urdemokratisch. Hast du vergessen, wie sie sich angemeldet haben? ›Königliche Artilleriemusik zu Pferd des Regimentes Königin Mutter‹, lautet ihr Titel.« Frau Reginas silberhelles, munteres Lachen ging durch das Büro.

»Regina, es ist gut, dass wir dich im Hotel Müller haben, sonst würde ich wahrhaftig immer wieder vergessen, was sich Hoheiten und Durchlauchten und ihren Musikanten gegenüber geziemt!«

»Spiel mir jetzt nicht den Harmlosen und Scheinheiligen, Josef! Du weißt ganz genau, dass du mir im Titelgeben über bist. Du kennst die Präzedenzen und Titulaturen aller Herrschaften bis aufs Tüpfelchen, sobald sie in unserem Hotel abgestiegen sind.«

Als Papa Müller eine halbe Stunde später vom Hotel in den Garten hinunterging, um dort selber auch noch Kontrolle zu halten und den Gästen Guten Morgen zu wünschen, hörte er von der Bachwehri her ein paar Buben rufen: »Ein Spazierschiff! Ein Spazierschiff! Der Winkelried! Der Winkelried!«

Der Hotelier ging zur Landungsbrücke hinüber und hielt nach dem Schiff Ausschau. Von der Nase her dampfte wirklich seeaufwärts ein Schiff; es war tatsächlich der Dampfer Winkelried, das stolzeste Schiff des Sees. Majestätisch kam es daher. Vom Bug über den Fock- und Großmast war es bis zum Heck mit einem Kranz flatternder Fähnchen geschmückt. Auf dem Großmast aber wehte die englische Flagge.

»Es ist der Dampfer der Königin Viktoria von England«, sagte der Brückenwart zum Hotelier.

Papa Müllers Herz begann auf einmal schneller zu schlagen. »Wenn das Schiff hier haltmachte? Wenn die Königin bei mir einkehrte und in meinem Hotel den Lunch einnähme?«, schoss es ihm durch den Kopf.

Die Königin Viktoria weilte schon seit Wochen mit ihrem Gefolge in Luzern in der Sommerfrische. Sie hatte den Dampfer Winkelried für die ganze Dauer ihres Ferienaufenthaltes gemietet, und sie benutzte ihn fleißig. Mehrmals waren sie schon seeaufwärts und seeabwärts gefahren, manchmal fern, manchmal nahe dem Ufer, jetzt aber schien das Schiff direkt auf das Dorf zu zielen.

»Wenn die Königin bei mir abstiege, wäre das für mein Hotel ein einzigartiges Renommee. Und noch größer wäre die Reklame, wenn sie auf die Scheidegg ginge und dort einige Tage bleiben würde«, dachte der Hotelier, und es wurde ihm fast schwindlig beim Gedanken, dass er vielleicht in ein paar Minuten der englischen Königin gegenüberstehen und sie zum Portal seines Hotels begleiten durfte. Er überlegte rasch, wohin er sie führen und wie er sie bewirten würde. »Wenn es sich einmal rundspricht, dass die Königin bei mir abgestiegen ist, wird mein Hotel wohl für alle Zeiten hoffähig sein, es wird von Anmeldungen aus dem englischen Hochadel und dem Adel aller Welt regnen, so viel kenne ich mich beim Adel bereits aus. Eine Königin ist ähnlich wie eine Bienenkönigin, sie ist allzeit von einer Unzahl reicher, vornehmer Blaublütler umgeben.« Dass Papa Müller darin nicht fehldachte, dafür war die Stadt Luzern ein schlagender Beweis. Kaum war die Königin in Luzern abgestiegen, rückten auch schon andere Hoheiten an, so Ihre Majestäten, die Königin und der König von Sachsen mit den Prinzessinnen und einem Gefolge von insgesamt achtunddreißig Personen, ferner der Erzherzog Heinrich von Österreich und der Bruder der Königin von Belgien, der Prinz von Flandern. Auch der Prinz Friedrich der Niederlande, der Herzog von Bisacia und die Herzogin von Genua waren mit Gefolge in Luzern eingetroffen. Nach Berichten der Zeitungen sollte auch die Königin von Preußen unterwegs nach der Schweiz sein. Und nicht genug damit, auch die Minister der verschiedensten Staaten schienen auf einmal eine große Vorliebe für Luzern an den Tag zu legen. So weilten der englische Außenminister Lord Stanley, der französische Außenminister Drouyn de Lhuys, der österreichische Minister Dr. Giskra, der bayerische Minister von Pretzschner, der ungarische Ministerpräsident Graf Andrassy in Luzern in den Ferien. Den Ministern wiederum waren die drei Geldkönige und Goldfürsten Rothschild auf dem Fuß gefolgt, der Karl aus Frankfurt, der James aus Paris und der Nathanael aus London.

»Gestern ist die Königin in Vitznau an Land gegangen«, hörte Papa Müller mitten in seinem Sinnieren den Brückenwart sagen.

»Dummes Zeug«, entgegnete Papa Müller beinahe erbost. »Der Winkelried kann in Vitznau ja gar nicht landen, sie haben in Vitznau ja noch gar keine Schifflände für Großdampfer, sie wird erst nächstes Jahr gebaut. Was wollte die Königin Viktoria übrigens in Vitznau tun, in diesem Fischernest, das nicht einmal einen rechtschaffenen Gasthof besitzt, geschweige denn ein Hotel?«

»Ich meinte ja nur. Der Förster Wysel hats erzählt«, sagte der Brückenwart kleinlaut.

Der Hotelier hatte übrigens mit seiner Bemerkung nicht ganz unrecht. Das heute weltberühmte Vitznau, Ausgangspunkt der gleichnamigen Rigibahn, schlief noch seinen Dornröschenschlaf. Der Prinz aber, der es aus seinem Schlaf erwecken sollte, der Erbauer der Rigibahn, war damals wohl schon geboren, aber er lebte noch unbekannt in Basel und hatte die Rigibahn noch nicht erfunden.

»Am End hält der Dampfer doch hier!«, tat der Brückenwart jetzt aufgeregt, »er hält ja direktament auf unsere Schiffbrücke zu!«

»Natürlich hält er!«, bestätigte Papa Müller. »Das sieht ja jedes Kind.«

Der Dampfer rauschte immer näher heran. Man sah auf dem Oberdeck die königlichen Gäste, sah auf dem vorderen Unterdeck Wagen und Pferd, erkannte auf der Kommandobrücke den Kapitän Geiger.

Der Kapitän winkte. Der Kapitän lachte. Der Kapitän kletterte von seiner Kommandobrücke zum überhöhten Steuermannhaus empor und ließ im nächsten Augenblick ein heillos übermütiges, lang gezogenes Tutututuu-Tutututuu, Tutututuuuuu hören. Nun rief der Kapitän dem Steuermann etwas zu. Dieser drehte im nächsten Augenblick das Steuerrad, drehte und drehte es, und schon rauschte der Dampfer zwei, drei Steinwürfe vom Ufer entfernt an der Dampfschiffbrücke vorbei Brunnen entgegen.

Papa Müller wars, als habe ihn plötzlich eine eiskalte Dusche getroffen. Er sah voll Unmut dem Dampfer nach und biss die Zähne aufeinander. Vom Steuermannshüttchen aus aber winkte der Kapitän und lachte mit dem ganzen Gesicht. Er hatte wohl den Hotelier, der sein Duzfreund war, an der Dampfschifflände erkannt. Nun lüpfte er die Mütze und verneigte sich vor Papa Müller.

Papa Müller machte ein grimmiges Gesicht. »Wart, Kapitän Geiger, diesen Streich sollst du büßen«, beschloss er im Stillen. »Du weißt nur zu gut, wie sehr ich auf den Besuch der Königin von England erpicht bin. Du bist vorhin extra so nahe gefahren, um mich hereinzulegen.«

Wortlos verließ der Hotelier die Brücke. Als er aber an den vielen Kurgästen vorbei, die vom Ufer aus die Vorüberfahrt des Dampfers mit angesehen und der Königin zugewinkt hatten, wieder zum Hotel zurückkehrte, war auf seinem Gesicht nicht mehr die geringste Spur von Ärger oder Enttäuschung zu sehen.

Das Elf-Uhr-Schiff von Luzern und das Schiff, das eine Viertelstunde später von Brunnen her einlief, brachten dem Hotelier Müller Arbeit über Arbeit, sodass ihm gar keine Zeit mehr blieb, dem Dampfer Winkelried und der Königin Viktoria und dem Kapitän Geiger nachzusinnen. Viele neue Gäste und die Artilleriemusikanten aus München waren aus Luzern eingetroffen. Von Weitem schon hatte man die Musikanten spielen gehört, spielend zogen sie von der Station zum Hotelgarten. Die neuen Gäste mussten begrüßt, Anordnungen mussten getroffen werden, und die Küche musste neue Weisungen erhalten. Kurz und gut, Papa Müller war für eine halbe Stunde der beschäftigtste Mann des Dorfes. Als er sich schließlich ins Büro zurückziehen wollte, um dort ein paar Augenblicke zu verschnaufen, kam ihm die Telegrafistin mit einer Depesche entgegen.

Der Hotelier öffnete sie, las sie, stutzte, las sie abermals und hielt dann nachdenklich das Kinn zwischen Daumen und

Zeigefinger. Auf einmal leuchteten seine Augen, straffte sich seine Gestalt, reckte sich sein Kopf. Wie ein Zwanzigjähriger verließ er das Büro, suchte seine Gattin und zeigte ihr das Telegramm.

Frau Regina las es und sah dann ihren Mann erstaunt an. »›Auf ein Uhr ein königliches Mittagessen für vier Personen, Kapitän Geiger.‹ Was soll das heißen?«, meinte sie schließlich.

»Das ist doch klar! Die Königin von England wird auf der Rückfahrt hier im Hotel absteigen und bei uns zu Mittag essen.«

»Ja, aber sie hat doch ein Gefolge von dreißig Personen, und hier wird nur ein Mittagessen für vier Personen bestellt.«

»Die Königin wird eben hier nur im engsten Kreis speisen wollen«, meinte der Hotelier. »Die Begleitung wird irgendwo an einem schönen Plätzchen ein ländliches Picknick halten, so haben sies, scheints, auch gemacht, als sie von Weggis aus Rigi Kaltbad besuchten. Sind wir froh, dass wir nur für vier Personen ein königliches Essen bereit machen müssen, für dreißig Personen wärs doch bei dem Betrieb, den wir jetzt haben, und bei den vielen Gästen, die auch ihren Lunch einnehmen wollen, fast ein Ding der Unmöglichkeit. Dafür sollen die vier Mittagessen wahrhaft königlich sein, es soll ein Gedicht, ein Lied, ein Kunstwerk von einem Mittagessen werden. Sofort will ich mit unserem Küchenchef Konferenz halten! Überleg du unterdessen zusammen mit dem Concierge, was für Vorbereitungen wir sonst noch für die Ankunft der Königin treffen können. Regina, dieser Tag ist ein Markstein in der Geschichte unseres Hotels, glaub es mir!« Aus der Stimme des Hoteliers klang verhaltener Jubel; er gab in einem plötzlichen Überschwang der Gefühle seiner Frau einen Kuss und machte sich dann schleunigst auf den Weg zum Küchenchef.

Die Stirne des Maître Jean bekam Sorgenfalten, als ihm der Patron die Kunde von der Ankunft der englischen Königin mitteilte. »So etwas sollte man wenigstens drei Tage voraus wissen«, schimpfte er. Aber dann begann er sogleich zu überlegen; er sah vor sich hin, sah den Patron an, machte dann miteins ein frohes, runzelloses Gesicht und sagte: »Ich glaube, wir bringen trotz der kurzen Zeit, die uns bleibt, noch etwas Rechtes zustande. Der Fischer Tobias hat mir heute Morgen eine Riesenforelle gebracht. Ich habe sie bereits präpariert und gekocht. Ich wollte sie heute zum Nachtessen kalt servieren lassen. Wir könnten den königlichen Gästen diese Forelle mit Kaviar garniert zusammen mit einer erstklassigen Mayonnaise als Vorspeise geben.«

»Nicht übel, nicht übel!«, lobte Papa Müller. »Und dann?«

»Dann lassen wir eine exzellente Schildkrötensuppe aufspazieren, gewürzt mit einem Schuss Sherry, das gibt der Suppe etwas ganz Exquisites, um nicht zu sagen Königliches. Anschließend dürfte Geflügel nicht unpassend sein, wir haben es ja bereits ins heutige Menü aufgenommen, nur bereichern wir es noch mit Morcheln und Trüffeln und servieren Gemüsesalate dazu.«

»Gut, gut, ausgezeichnet! Und als Dessert?«

»Als Dessert? Ja, was meinen Sie zu flambierten Pfirsichen à la Hotel Müller?«

»Meinetwegen, meinetwegen!«

»In Zukunft könnte man dann diese Pfirsiche à la reine Victoire oder Viktoriapfirsiche nennen, schließlich hat ja der Charcutier Keller in Luzern seine Würstchen, die er auf den Gütsch ins Hotel Wallis liefert und die sich scheints beim Hofstaat der Königin besonderen Zuspruchs erfreuen, kühn Viktoriawürstchen getauft und sie jetzt sogar unter diesem Namen in der Zeitung angepriesen. Zudem: Pfirsiche scheinen mir doch noch viel besser zu Viktoria zu passen als Würstchen, oder? Sollte aber der Königin unsere kalt servierte Vierwaldstättersee-Riesenforelle besser munden als die Pfirsiche, könnten wir ja von einer neuen Benennung unserer Pfirsiche absehen und dafür die Forelle à la reine Viktoria benamsen.« Der Küchenchef lachte mit dem ganzen breiten, roten, glänzenden Gesicht, und seine hohe, weiße Küchenchefmütze wackelte dabei hin und her wie ein Nauensegel im Sturm.

»Spaß beiseite, Maître Jean, Ihr Menü ist gut; es ist ausgezeichnet, es ist unübertrefflich! Man merkt schon, dass Sie in Paris und Baden-Baden und London und Cannes und San Remo Koch waren!«

Eine Viertelstunde später wusste das ganze Hotel, dass die Königin Viktoria um ein Uhr mit dem Extradampfer in Gersau landen und im Hotel speisen werde. Abermals eine halbe Stunde später wusste es das ganze Dorf.

Im Hotel Müller und rings ums Hotel aber begann eine fieberhafte Tätigkeit. Palmen- und Bananen- und Lorbeerkübel wurden herbeigeschleppt und vom Hotelportal bis zur Schifflände aufgestellt, Teppiche wurden durch den Garten bis zur Straße hinab entrollt, Fahnen wurden gehisst.

Mitten in der Vorbereitung für den Empfang sprachen der Statthalter Mai und der Landschreiber Martin vor, um sich zu erkundigen, ob man auch an eine Begrüßung der Königin durch die Behörden denken solle.

Papa Müller war ob dieser Frage betroffen. Wenn er Ja sagte, musste er wohl als Bezirksammann die Begrüßung selber halten. Für die Vorbereitung einer Begrüßungsansprache aber fehlte ihm jetzt die Zeit. Er sann vor sich hin, bewegte den Kopf hin und her, überlegte dieses und überlegte jenes. Schließlich aber kams ihm in den Sinn, dass die Königin ja inkognito als Gräfin von Kent im Lande weile. »Nein, Franz. Wir halten keine offizielle Begrüßung«, gab er dem Statthalter Bescheid; »schließlich wurde die Königin in Luzern auch nicht offiziell begrüßt, sie weilt ja inkognito im Land.«

»Aber man rüstet im Hotel scheints doch für eine Königin und nicht für eine Gräfin«, bemerkte der Landschreiber lächelnd. »Ist das eigentlich nicht etwas inkonsequent, Herr Landammann?«

Ob dieser Frage wurde der Hotelier und Bezirksammann verlegen. »He ja, nun eben; es ist doch wieder nicht ganz das Gleiche«, meinte er schließlich und suchte ab dem Gesicht des Landschreibers zu lesen, ob er es ernst meine oder nur Spaß mache.

Nun kamen auch noch der Dorfarzt und der Lehrer Rigert daher. »Wohl, wohl, wir gratulieren, wir gratulieren, Herr Bezirksammann, eine hohe Ehre das, für Euer Hotel und unser ganzes Dorf«, sagten sie ein über das andere Mal.

Das Gesicht des Hoteliers strahlte.

»Aber nicht eine zu gesalzene Rechnung machen!«, mahnte der Lehrer, »nicht eine so gesalzene und gepfefferte wie der Bahnhofwirt in Basel.«

Papa Müller sah den Lehrer fragend an. »Wie meint Ihr das, Herr Lehrer?«

»He, habt Ihrs nicht in der Zeitung gelesen? Als die Königin Viktoria mit dem kaiserlich-französischen Sonderzug nach Luzern fuhr, nahm sie mit ihrem Hofstaat im Bahnhofrestaurant in Basel eine kleine Mahlzeit ein, Milch, Kaffee, Brot, Butter und kaltes Fleisch. Und dafür musste sie 700 Franken zahlen, sage und schreibe in Buchstaben siebenhundert Franken!«

»Unmöglich, das ist wohl ein Druckfehler, siebzig Franken sollte es wohl eher heißen«, warf der Hotelier ein.

»Dann hätte sich darüber nicht die ganze Stadt Basel geärgert. Für eine Königin wären siebzig Franken wohl auch etwas zu billig gewesen. Nein, man verlangte siebenhundert Franken, mehr als zwanzig Franken pro Person. Und hier am See kann man in jeder Pension für sechs bis sieben Franken pro Tag recht gut leben.«

»Nun, sei es, wie es wolle, für meine Rechnung braucht Ihr

nicht Angst zu haben, Herr Lehrer, das könnt Ihr mir glauben. Ich werde damit dem Dorf gewiss keine Schande machen«, versprach Papa Müller. »Aber jetzt habe ich keine Zeit mehr für euch, ihr Herren, jetzt ist jede Minute kostbar. Ich danke euch für euer Interesse. Wenn alles gut geht, lade ich euch für nächsten Donnerstag zu einer kalten Platte und zu einem guten Tropfen ein. Au revoir!«

Die Uhr auf dem Kirchturm rückte immer näher gegen ein Uhr. Auf dem Fahnenturm des Hotels wurde die Schweizer Fahne heruntergeholt und der Union Jack gehisst. Papa Müllers Gesicht hatte in diesem Augenblick einen gar pfiffigen Ausdruck. Gut, dass er insgeheim die große englische Fahne hatte nähen lassen. Die Königin würde sich freuen, wenn sie die Farben ihres Reiches über dem Dorf am Rigiberg wehen sah. Unten im Garten klatschten die englischen Gäste Beifall, als sie ihre Nationalfahne hoch über dem Hoteldach flattern sahen.

Stolz, in Erwartung großer Dinge, trat der Hotelier mit seiner Gattin und seinen Söhnen Josef und Albert, den Töchtern Marie und Rosa und seiner kleinen Nichte Ursula unter das Portal.

Die Teppiche waren nun vom Hoteleingang bis zur Dampfschiffbrücke, ja bis zum Laufsteg ausgebreitet. Der Concierge, die Kellner, die Portiers standen in den saubersten Fräcken zum Empfang bereit. Frau Regina hatte ein schwarzes Seidenkleid an, ihr Gatte die beste Kleidung, sein obligates Samtkäppchen hatte er mit dem elegantesten Zylinder vertauscht. Die Nichte hatte ein schneeweißes Kleidchen an und einen großen Strauß herrlicher Rosen in Händen, Maréchal-Niel-Rosen mit großen, gelben Köpfen und orangenrotem Schimmer in der tiefen Herzmitte, weiße, festliche Boules de Neige mit samtnen Blättern und einem hauchfeinen Rot auf den Knospenspitzen und prunkvolle, purpurfarbene Damascenerrosen.

Die Musikanten aus München hielten sich mit ihren blitzenden Instrumenten bereit. Allen voran standen der Pistonvirtuose Fischer und der Dirigent.

»Eine prachtvolle Fügung, dass ich diese Musik ausgerechnet auf diesen hochfeierlichen Augenblick zur Stelle habe«, dachte Papa Müller und warf dem Dirigenten einen freundlichen Blick zu.

Über Wege und Stege, aus Gassen und Straßen strömte unablässig neugieriges Volk herzu. Alle wollten die Ankunft der Königin von England erleben. Das Volk war wie eine ab der Halfter gelassene Herde. Der Frohmut brandete über den Platz zum Hotel empor. Es war anzuhören wie das Summen eines Bienenkorbes an einem sonnigen, nektarreichen Maientag. Als der Hotelier mit seiner Gattin und den Kindern unter dem Portal erschien, ging gleichzeitig aus vieldutzend Kehlen ein Bravorufen und Juhulärmen los. Ein Gesichtermeer, runde Schädel, gutmütige Augen, unrasierte Männerbacken, ungekämmte Männerschöpfe, extra gut frisierte Frauenköpfe, lachende Mädchen- und Bubengesichter waren dem Hotelierpaar zugewandt.

Hoch über allem Jubel- und Bravolärm jagte ein Flug Tauben und zog immer neue Triumphkreise über dem Dorf. Die Hotelfenster blitzten im Sonnenlicht. Die vielen Balkone waren besetzt von den Kurgästen. Der Himmel war blank und blau ohne jeden Wolkenschatten. In den Platanen am See wimmelte es von Bubenschlingeln, einige der waghalsigsten Kerle hatten sich sogar zuäußerst auf das Hüttendach der Station gewagt,

Der Concierge, die Kellner und Portiers standen jetzt spalierbildend wie zu Stein erstarrte Standbilder da. Als dies der Hotelier gewahrte, lachte er und gab seinen dienenden Geistern das Kommando: »Kompagnie ruhn!«

Über den Platz dröhnte darauf vom Volk her ein lautes, übermütiges Lachen, Papa Müller aber sagte zu seinen Leuten: »Es ist noch früh genug mit dem Spalierwandspielen, wenn die königliche Hoheit von der Straße her zum Hotel heraufsteigt.«

Vom Kirchturm schlug es jetzt ein Uhr. Der Hotelier hielt Ausschau nach dem Schiff. Es war noch nirgends zu sehen. Das wollte allerdings nicht viel heißen. Von der Scheibenecknase, welche die Sicht auf den See gegen Brunnen versperrte, bis zur Dampfschiffstation waren es kaum mehr als drei Minuten Dampferfahrt. Jede Minute konnte also der Dampfer auftauchen.

»Eigentlich hätte ich die Königin mit meiner besten Kutsche und den vier feurigen Rappen in Brunnen abholen sollen«, ging es Papa Müller durch den Kopf. »Und die Kirchenglocken hätten wir auch läuten können, und Böllerschießen vom Bühl herab wäre auch gar nicht unpassend gewesen.«

Das Schiff tauchte immer noch nicht auf.

»Habe ich jetzt auch den besten Sessel an den Platz der Königin hinstellen lassen?«, fuhr es dem Hotelier plötzlich wie ein angstvoller Blitz durch den Kopf. »Ich muss schnell noch einmal einen Blick auf die Tafel werfen«, sagte er leise zu seiner Gattin und verschwand im Hotel.

An der königlichen Festtafel war alles in bester Ordnung, der feine, brokatüberzogene Prunksessel stand am rechten Ort. Rasch überflog der Hotelier nochmals das Gedeck, rückte einen Strauß etwas gegen die Mitte, schob einen Stuhl etwas mehr nach rechts, fuhr mit zitternder glättender Hand über das blütenweiße Tischlinnen, an dem es rein nichts mehr zu glätten gab, warf nochmals einen fast liebkosenden Blick auf das kostbare Tafelgeschirr und das einzigartige Prunkbesteck, und schon stand er wieder an der Seite seiner Gattin.

»Es kommt! Es kommt!«, lärmten in diesem Augenblick die paar Buben, die auf dem Dach der Station saßen.

Und nun hörte man auch schon das Tatschen der Schaufelräder. Jetzt tauchte, allen sichtbar, hinter der Felsnase der schneeweiße Bug des Schiffes auf. Der Dampfer kam mehr und mehr hinter dem Felsenvorsprung hervor, und schließlich glitt er fast wie ein Märchenwesen über die Bucht der Dampfschiffslände zu. Und nun ließ der Dampfer viermal laut und feierlich seinen Hornruf erschallen.

Die »Königliche Artilleriemusik zu Pferd des Regimentes der Königin Mutter« stellte sich, den Blick nur noch auf den Dirigenten gerichtet, in Positur. Der Dirigent gab ein Zeichen, und der *Friedensmarsch* von Enzinger erklang.

Der Bug des Dampfers rauschte an der Brücke vorbei. Das Kapitänkommando erscholl. Die Schaufelräder stoppten, drehten sich auf ein neues Kommando hin zwei, drei Umdrehungen lang rückwärts, und dann stand das Schiff still.

Die Lauftreppe rumpelte ins Schiff. Die Verbindung zwischen dem Winkelried und dem Gersauer Ufer war hergestellt. Alles reckte die Köpfe. Papa Müller blickte nochmals an sich herunter, wischte ein Stäubchen vom Rock, trat an die Treppe heran und hielt Ausschau nach der Königin. »Wie soll ich sie überhaupt anreden?«, schoss es ihm auf einmal durch den Kopf. Dass er nicht vorher daran gedacht hatte! Gewiss hätte ihm seine Gattin den rechten Rat geben können. »Ob ›Königliche Hoheit‹ die geziemende Anrede ist? Oder ist am Ende ›Königliche Majestät‹ besser?« Oder war es noch besser, wenn er überhaupt alle Königstitulaturen wegließ? Schließlich hielt sich die Königin ja inkognito als Gräfin von Kent hier im Lande auf, das hatte er ja eben erst noch dem Statthalter zu verstehen gegeben. Am Ende hatte der Landschreiber mit seiner Bemerkung und seinem eigenen Lächeln doch recht gehabt. Gradlinig konsequent zu sein, war oft so schwer, doppelt schwer, wenn man einem erstklassigen Hotel vorstand.

Drinnen im Schiff zeigte sich an einem Fenster des Salons ein rundes, freundliches Frauengesicht.

»Die Königin!«, ging es dem Hotelier durch den Kopf.

Nun schenkte ihm die Dame ein gar gütiges Lächeln. Nun ließ sie das Fenster herunter, streckte den Kopf durch den Rahmen und winkte.

»Ich blinder Idiot!«, schalt sich der Hotelier. »Das ist ja die Annamarie, die Schiffsköchin. Wo hatte ich vorhin nur meine Augen?!«, und er hielt weiter Ausschau nach einem Frauenzimmer, das einer Königin glich. Aber auf dem Schiff ließ sich weit und breit keine Frau mehr blicken.

Während Papa Müller von der Dampfschiffbrücke aus unablässig zum Schiff hinüberspähte und für alles, was ein Mannenvolk war, nicht viel Aufmerksamkeit hatte, schritt der Kapitän Geiger in der allerbesten Montur ans Land. Ihm folgten zwei Männer, der Rössliwirt Fassbind von Brunnen und, ein Gewehr umgehängt und den Hut mit bunten Bändern geschmückt, Papa Müllers Vetter, der Hauptmann Melchior.

Obwohl alle drei mit Papa Müller duzis waren, schenkte er ihnen jetzt keine besondere Beachtung, seine Augen suchten nur eines: die Königin Viktoria von England. Als schließlich kein Bein mehr an Land ging, wandte sich der Hotelier an den Kapitän und fragte mit leiser Stimme: »Wo ist denn die Königin?«

»Welche Königin?«

»He, die Königin von England!«

»Die? Die ist von Brunnen aus zusammen mit dem Hofstaat, mit ihren Kutschen und Pferden gegen Schwyz gefahren und hat uns alle samt dem Schiff bis abends um vier Uhr beurlaubt.«

Papa Müllers Gesicht war starr vor Überraschung. Seine Augen und sein Mund standen für einen Augenblick weit und rund offen, schließlich platzte er los: »Und das Festmahl für die Königin?«

»Ich weiß nichts von einem Festmahl für die Königin!«,

entgegnete der Kapitän, runzelte die Stirn und sah den Hotelier ungläubig an, dabei zuckte es aber doch fast unmerklich um seine Mundwinkel.

»Was, du weißt von nichts? Du hast doch selber heute Morgen bei mir per Depesche das Essen für die Königin bestellt.« Die Stimme des Hoteliers klang nicht eben sehr leise.

»Nein, Josephus, das habe ich nicht getan«, widersprach der Kapitän. »Ich habe dir ein Telegramm geschickt, das ist wahr, aber für die Königin habe ich auf Ehre und Seligkeit kein Essen bestellt. Ein königliches Festmahl für vier Personen habe ich bestellt und nichts anderes!«

»Das ist doch das Gleiche!«, protestierte der Hotelier.

»Nein, das ist nicht das Gleiche«, widersprach der Kapitän.

Da trat der Rössliwirt zu Freund Müller heran, legte ihm beschwichtigend die Hand auf die Schulter und sagte mit Schmunzeln: »Risum teneatis, amici! Da ist kein Grund zum gegenseitigen Grollen, sondern vorzügliche Gelegenheit zum Lachen und Fröhlichsein. Mein lieber Papa Müller, das Gastmahl ist doch für dich und mich«, und er schob den bändergeschmückten, gewehrbewaffneten Melchior in den Vordergrund, »und für den Hauptmann gedacht, und natürlich auch für deine Frau Gemahlin. Und wir haben ein königliches Festmahl bestellt, weil …«

Der Hotelier schnitt dem Rössliwirt das Wort ab. »Diese ärgerliche Überraschung hättet ihr mir ersparen können! Ihr macht mich vor dem ganzen Dorf und der ganzen Innerschweiz lächerlich. Alles, die Kurgäste, meine Angestellten und das ganze Dorf, erwarten hier die englische Königin Viktoria, und ich stehe da im besten Festgewand und meine Gattin ebenfalls und meine Kinder und meine Nichte gleichfalls. Und das alles nur, weil du, Geiger, solch ein unsinniges Zeug telegrafiert hast.«

»Was, unsinniges Zeug?«, fuhr nun der Rössliwirt weiter.

»Wir haben mit voller Überlegung ein königliches Festmahl bestellt, weil dein Vetter, der Melchior, am Kaiserschießen in Wien so quasi Schützenkönig geworden ist, nicht Schützenkönig des Gesamtschießens, das wurde der Meisterschütze Staub von Wädenswil, ihn haben sie in Wädenswil mit Kanonendonner empfangen. Der Melchior aber ist einer der hundertsechsundsechzig Schweizer Schützen, die in Wien einen Becher herausgeschossen haben, er ist der erste der Schützen unseres Kantons, ist also quasi der Schwyzer Schützenkönig des Kaiserschießens in Wien. Und da der Melchior auf der Heimreise nach Gersau im Rössli abgestiegen ist und dort auf die nächste Schiffsverbindung wartete, schlug ich dem Kapitän Geiger, der ja von der Königin Viktoria mit seiner ganzen Schiffsmannschaft und dem Dampfer Winkelried für ein paar Stunden Urlaub bekommen hatte, vor, zu einem Festmahl nach Gersau zu fahren. Ich sagte, wir wollten im Hotel Müller, das ja durch seine riesengroßen, weltssaftigen Beefsteaks europäische Berühmtheit hat und dessen Keller, wie alle Welt weiß, vollgestopft ist mit einem hochfeinen Fünfundsechziger, den Schützenkönig bei einem guten Mahl feiern.«

»Ja, Freund Josef, so ists, und so wars gemeint mit meiner Depesche an dich«, sekundierte Kapitän Geiger.

Auf Papa Müllers Gesicht legte sich auf einmal der Sturm. Der Unmut verschwand, und um seine Mundwinkel begann bereits ein Lächeln zu spielen. Er blickte rundum, ob das gaffende Volk wohl die Szene wahrgenommen habe. Doch das Volk schien von allem nichts gehört zu haben. Die Musik der »Königlichen Artilleriemusik zu Pferd des Regimentes Königin Mutter« aus München hatte das Wortintermezzo nicht bis an seine Ohren dringen lassen. Da flüsterte Papa Müller seiner kleinen Nichte etwas ins Ohr und führte dann das Kind zum Melchior.

Der *Friedensmarsch* von Enzinger war verklungen. Alles Volk harrte der Dinge, die nun kommen sollten. Sosehr sich die Leute aber die Augen ausguckten, sie sahen keine Königin an Land kommen, dafür aber sahen sie, wie das kleine, weiß gekleidete Mädchen mit dem Rosenstrauß auf den Hauptmann Melchior zuging und ihm die Blumen überreichte.

In diesem Augenblick rief der Rössliwirt mit lauter Stimme: »Leute, die Königin Viktoria ist leider nicht gekommen. Dafür haben wir aber einen König unter uns, einen Schützenkönig, den Hauptmann Melchior; er hat sich in Wien als bester Schütze unseres Kantons erwiesen, er ist also quasi unser Schützenkönig! Ihn wollen wir hochleben lassen, ihm gelte die Festmusik, ihm gelte der Fahnenschmuck, ihm gelte der feierliche Empfang!«

Das Volk bekam auf einmal Leben. Ein Jauchzen und Bravorufen und Jubeln ohnegleichen rauschte über den Platz. Witzworte flogen hin und her, und der Lärm wollte kein Ende nehmen. Dem Volk schien ein Schützenkönig ebenso willkommen zu sein wie eine gekrönte Königin.

Da nahm der Hauptmann Melchior einen Satz auf eine Ladung Kisten, die zum Abtransport an der Lände bereit waren, und warb mit der Hand beim Volk um Ruhe und Aufmerksamkeit.

Der Lärm verbrandete. Nun rief der Hauptmann mit lauter Stimme über das Volk: »Gersauer! Ich bin kein Schützenkönig! Schützenkönig wurde bei diesem unerhört großen Schützenfest in der Kaiserstadt Wien nur einer, und das ist der Staub von Wädenswil. Ihr habt eine Königin erwartet. Ihr habt unter euch eine Königin, sie heißt Königin und ist Königin, die Königin der beiden Hotel Rigi Scheidegg und des Hotels Müller, vor allem aber ist sie die Königin aller Armen unseres Dorfes, und dieser Königin, der Frau Landammann Regina, die ausging, eine Königin willkommen zu heißen, gebührt dieser Rosenstrauß!«, und der Hauptmann sprang ab dem Kistenberg und überreichte der erstaunten Frau Regina die Rosen.

Da brach das Volk in stürmischen Beifall aus. Papa Müllers Gesicht strahlte voll Wonne und Glück; er gab dem Dirigenten ein Zeichen, ging dann auf den Melchior los und dankte ihm mit einem warmen Händedruck. »Das hast du sehr gut gemacht, Vetter, sehr gut! Ich hatte vor, euch wohl einen Imbiss zu servieren, aber das Festessen, das ich für die Königin Viktoria durch Meister Jean habe zubereiten lassen, solltet ihr Kerle nicht zu goutieren bekommen. Nun habe ich mich aber doch in diesem letzten Augenblick eines anderen besonnen. Alles soll auf den Tisch kommen, was für das königliche Gastmahl bereitsteht, angefangen vom ersten Gang bis zum Dessert drinnen an der königlichen Tafel und bis zum Kaffee draußen auf der oberen Gartenterrasse.«

Im Garten begann wieder die Musik zu spielen. Unter den Klängen von Rossinis Ouvertüre zu *Wilhelm Tell* schritten Melchior und Frau Regina, Kapitän Geiger und Rössliwirt Fassbind, Papa Müller, seine Kinder und seine Nichte von der Dampfschiffbrücke auf den prunkvollen Teppichen über die Straße und den Hotelaufgang empor, vorbei an den nun durchaus nicht steif dastehenden, sondern leise lächelnden und Beifall klatschenden Angestellten; sie traten durch das Portal ins Hotel und begaben sich zum königlichen Festmahl.

Kurz darauf ging hoch oben auf dem Fahnenturm des Hotels die England-Fahne nieder, an ihre Stelle trat das weiße Kreuz im roten Feld.

Im Garten spielte die Musik weiter. Nach Rossinis Ouvertüre erklang das Eiston-Solo *Fantasie für Cornet à piston* von Strauß, gespielt vom Virtuosen Fischer, dann folgte die Polka aus *Zehn Mädchen und kein Mann* von Offenbach und anschließend *An der schönen blauen Donau* von Strauß.

An der Festtafel herrschte ungetrübter Frohmut. »Ein wahrhaft königliches Festmahl«, lobte der Rössliwirt, »ein exzellentes Muster für meine Brunner Gasthofküche. Ich kämpfe bereits die ganze Zeit mit der Versuchung, ob ich dir nicht deinen Maître Jean abspenstig machen soll, Josef!«

Da machte die gute Frau Regina gegen den Rössliwirt den Drohfinger.

Als die Fröhlichkeit bei der Tafelrunde immer mehr stieg, mahnte schließlich Papa Müller: »Herrschaften, denkt daran, ihr seid beim Festmahl einer Königin!«

»Ja, das ist wahr, bald hätten wir das vergessen«, erwiderte Kapitän Geiger, klopfte mit dem Messer ans Glas, erhob sich und sagte: »Die Königin von England soll leben und die Königin Müller samt Gemahl Müller daneben! Ich werde diesen uns so großherzig servierten königlichen Lunch inklusive Festtrunk meiner Lebtag nicht mehr vergessen. Mein lieber Freund, Bezirksammann und Kantonsrat, hoch geachteter Hotelier von Rigi Scheidegg auf dem Berg und vom Hotel Müller am See, liebevoller Untertane deiner Königin, 's Landammannen Regina, der erstaunlichen Mutter von einem Dutzend Kindern, ich verspreche dir und deiner Königin in Anwesenheit der hier mittafelnden zwei Zeugen, dem Hotelier Fassbind vom Rössli in Brunnen und dem Hauptmann Melchior, dem Quasischützenkönig von Gersau und weiteren Umgebung, aufs Feierlichste, dass ich dir in Zukunft viele, zwar nicht ergebenere und dankbarere, gewiss aber besser zahlende Gäste zuführen werde!«

Alles klatschte Beifall. Papa Müller aber meinte: »Kapitän, ich nehme dich beim Wort.«

Als eine Stunde später der Winkelried das Dorf Richtung Brunnen verließ, spielte die Musik den Chor aus der *Schöpfung* von Haydn. Still und feierlich wie ein weißer Schwan glitt das Schiff seeaufwärts mitten durch ein Land, das zu dieser

Stunde von einem Lichtkatarakt von Blau und Rot und Gelb und Grün und Gold und Silber überflutet schien.

Gegen Abend sahen die Dörfler das Schiff der Königin Viktoria, das Spazierschiff Winkelried, auf dem kürzesten Weg seeabwärts Luzern zufahren. Das Schiff fuhr weit draußen in der Seemitte dem Sonnenuntergang entgegen, und man konnte auf ihm keine Gestalten mehr erkennen.

Papa Müller sah dem Dampfer lange nach. Der Tag war schön gewesen, voll Freude, Musik und Sonnenglanz, zutiefst aber lag auf dem Grunde von Papa Müllers Seele doch ein Wunsch, den ihm der Tag nicht erfüllt hatte, er hatte in seinem Hotel die Königin Viktoria erwartet, und sie war nicht gekommen. »Vielleicht kommt sie doch noch!«, sagte er zu sich und behielt das Schiff im Auge, bis es verschwunden war, dann machte er seinen Abendspaziergang gegen den Büel.

Die Wälder und Matten gegen den Gersauer- und Vitznauerstock zu lagen bereits im Schatten und warteten auf die Nacht. Vom Kirchturm herab riefen die Glocken den Gutenachtgruß über Berg und Dorf und See. Jenseits des Sees standen die Berge noch für kurze Zeit im Abendrot, dann verglomm das Licht, die Berge ertranken langsam im Dunkel, die Sterne begannen zu glitzern, es wurden ihrer immer mehr und mehr. Vom Fronalpstock stieß jetzt ein silberner Nachen in die sternendurchglühte, samtene Himmelssee, der Mond begann seine Fahrt über den Himmel zum Pilatus hinüber. »Vielleicht kommt sie doch noch«, wiederholte Papa Müller und trat den Heimweg an.

Die Königin Viktoria von England hat das Hotel Müller im Rigidorf nie besucht. In den nächsten Tagen brachten die Zeitungen über sie mancherlei Nachrichten. »Die Königin ist an die Furka gereist«, hieß es, oder »Die Königin und ihr Hofstaat sind mit dem Dampfer in Flüelen eingetroffen und dann per Kutsche auf der neu gebauten Axenstraße nach Brunnen gefahren.« Einmal stieß der Hotelier auf eine Nachricht, die ihn aufs Tiefste ängstigte: »In Luzern wurde ein Fenier verhaftet, der extra nach Luzern gekommen ist, um die Königin von England zu ermorden.« Doch bereits am andern Tag dementierte die Zeitung: »Unsere gestrige Meldung muss dahin korrigiert werden, dass es sich um keinen Fenier und um keinen Anschlag auf die Königin handelte. Die Polizei in Luzern hat lediglich ein verkommenes, geistig völlig zerrüttetes Individuum, das in London gebürtig ist, aufgegriffen. Es steht nun einwandfrei fest, dass sein Aufenthalt mit dem Aufenthalt der Königin in Luzern gar nichts zu tun hat.«

Und dann brachten die Zeitungen die letzte Meldung vom Ferienaufenthalt der Königin Viktoria: »Gestern, am Mittwoch, den 9. September, verließ die Königin von England Luzern. Sie schenkte zum Abschied dem Präsidenten der städtischen Polizeikommission eine goldene, mit Brillanten besetzte Tabakdose, dem Polizeikommissar eine goldene Uhr mit schwerer goldener Kette, dem Kapitän des gemieteten Schiffes einen Brillantring und ebenso dem Verwalter des Bahnhofs. Ein hiesiger Kunstmaler ist übrigens mit der Aufnahme mehrerer Landpartien beauftragt, die an den königlichen Hof geschickt werden müssen.«

»So ist denn mein Traum ausgeträumt«, sagte Papa Müller resigniert, faltete die Zeitung zusammen, setzte sein Samtkäppchen auf und machte seinen obligaten Rundgang durch das Hotel.

Als Kapitän Geiger das nächste Mal mit seinem Dampfer in Gersau hielt und er Papa Müller an der Dampfschifflände stehen sah, überzog sich sein Gesicht mit Lachfältchen; er hielt den mit dem Brillantring geschmückten Finger ins Licht und rief dem Hotelier zu: »Bezirksammann, eine Auszeichnung für treue Dienste bei der königlichen Flotte! Im Übrigen, Josephus, die Hoffnung nicht aufgeben, die Hoffnung nicht aufgeben! Und wenn die Königin nächstes Jahr nicht selber zu dir kommt, kommen ganz sicher die Prinzen und die Prinzessinnen!«

Papa Müller hörte nur mit halbem Ohr hin. Und doch sollte der Kapitän recht behalten. Die Prinzen und Prinzessinnen von England kamen wirklich ins Hotel Müller in die Ferien, und sie kamen mit großem Gefolge, und sie kamen nicht nur einmal, sondern wiederholt.

Aber Prinzessinnen sind eben keine Königinnen. Schließlich sollte sich aber der Wunsch des Hoteliers doch noch erfüllen, wenn auch erst mehr als zwei Jahrzehnte später und zu einer Stunde, wo er die Leitung des Hotels bereits seinem Sohn Albert übergeben hatte und hinaufgezogen war in die Villa Fontana, um dort den Lebensabend zu verbringen. An einem schönen Frühlingstag stiegen die Königin und die Königinmutter von Holland mit großem Hofstaat im Hotel ab, und sie blieben einen Monat als Kurgäste im Dorf am Rigiberg.

Das Kaltbad – Heilung im Dreischwesternbrunnen

Kurt Derungs

Der Rigiberg und mit ihm die Ortschaft Rigi Kaltbad am Vierwaldstättersee gehören zu den schönsten Höhenorten der Zentralschweiz. Das einst kleine Bergdorf auf einer Höhe von 1450 Meter liegt auf der Südseite des Berges. Da hier meist kein Nebel aufkommt – dieser bedeckt gerne mit einem Wolkenmeer den See –, herrscht das ganze Jahr über Sonnenschein. Das Panorama in die Bergwelt ist legendär, die Sonnenaufgänge, und noch mehr die Sonnenuntergänge, sind unvergesslich. Ein klassischer Anreiseweg nach Rigi Kaltbad beginnt in Luzern, wo man das Schiff nach Weggis oder Vitznau nehmen kann. In Weggis schwingt sich eine Luftseilbahn in die Höhe zum Kaltbad, in Vitznau rattert eine gute alte Zahnradbahn den Berg empor. Dieser wird heute von Touristenscharen erobert, doch einst war er ein heiliger Berg mit einer Heilquelle.

Diese Quelle – eben das Kalte Bad – liegt etwas verborgen bei der Felsenkapelle von Rigi Kaltbad. Die Michaels-Kapelle aus dem Jahr 1556 mit einer schönen Marienstatue befindet sich in einem Felsenkessel. Zunächst schreitet man durch eine hohe Pforte aus Nagelfluhblöcken, und dann betritt man einen natürlichen Innenraum. Hier am Fels sprudelt die Heilquelle aus dem steinernen Leib des Berges. Die Quelle war einst ein beliebter Wallfahrtsort, heute finden in der Kapelle gelegentlich Hochzeiten statt.

Die Gründungslegende berichtet, dass im Jahr 1540 ein gewisser Bartholomäus Joler aus Weggis vom kalten Wasser geheilt wurde. Später entstand bei der Quelle ein Badebetrieb. Das Heilwasser aus dem Dreischwesternbrunnen, wie die Quelle heißt, leitete man in einen Holztrog. In diesen Trog mit dem eiskalten Wasser tauchte man mit oder ohne Kleider kurz dreimal ein. Danach erwärmten sich die Leute durch einen Lauf um die Kapelle herum. Andere Urkunden erwähnen, die Badenden sollen sich im hölzernen Trog dreimal drehen, dann um die Kapelle laufen und fünf Vaterunser, fünf Ave Maria und ein Credo beten. Zum Schluss erteilte der Waldbruder den Segen. Aufgesucht wurde die Quelle bei Rückenschmerzen und allerlei Fieber. Auch schwächliche Kinder tauchte man dreimal in das Kalte Bad. Diese bemerkenswerte Heilkur ist eigentlich nur abgehärteten Menschen zu empfehlen. Ab 1834 geschah die Wasseranwendung nach modernen Gesichtspunkten.

Die ersten Heilungsberichte setzen die Entdeckung der Quelle ins 16. Jahrhundert, wie wir gesehen haben. Dennoch darf bezweifelt werden, ob der gute Brunnen erst in dieser Zeit bekannt war. Mit ziemlicher Sicherheit betreten wir durch das Felsentor einen vorchristlichen Naturtempel – einen von der Natur geschaffenen heiligen Bezirk. Der Innenraum mit dem schmalen Felseingang erinnert aus landschaftsmythologischer Sicht an einen Erdschoß. Der sakrale Schoß der Erdgöttin wiederholt sich bei der Quelle, die bei einer riesigen Felsspalte sanft hervorquillt. Die Weiblichkeit des Quellortes ist unverkennbar, zeigt er sich doch in doppelter Natur. Die Heilung Suchenden gingen somit direkt in den Erdleib ihrer Landschaftsahnin, indem sie durch die steinerne Pforte schritten. Hier fand dann beim Wasser des Lebens die Heilung statt. Die Kraft der Ahnfrau hat geholfen, und mit neuer Energie traten die Menschen gewandelt aus dem felsigen Schoß in ein neues Leben hinaus. Transformation und Wiedergeburt waren die großen Themen an diesem Mysterienort.

Somit verwundert es nicht, dass die Quelle Dreischwesternbrunnen genannt wird. Die Ahnfrau erscheint hier nicht nur als die Große Eine, sondern gleich in drei Aspekten – oder so vielfältig wie die Landschaft selbst. Eine Sage mit halb historischen und lokalen Ausschmückungen berichtet im Kern von den mythischen Ahnfrauen am Vierwaldstättersee:

Die Quelle zum Kalten Bad auf der Rigi wird auch Schwesternbrunnen genannt, weil dort drei Schwestern aus Küssnacht gewohnt und die Quelle genutzt haben. Das Volk verehrte diese Schwestern als Heilige und glaubte, dass sie noch immer unsichtbar in der Nähe weilen. Die drei schönen Schwestern waren Töchter eines Küssnachter Bauern. Als sie einmal auf den Tanzplatz gingen, fielen sie dem Landvogt sofort wegen ihrer Schönheit auf. Er gab seinen Dienern den Befehl, die Töchter in einem günstigen Augenblick zu rauben und ins Schloss zu bringen. Aber die Töchter wurden gewarnt und schlichen sich heimlich weg. Sie flohen auf die Anhöhe des Berges und verbargen sich dort für immer. Zuweilen erschienen sie den Menschen, vor allem ihren Angehörigen.

Eine Variante dieser Sage erzählt, dass sich die drei Schwestern auf den einsamen Rigiberg zurückgezogen hätten, weil die Gegend um Arth von wilden Kriegern bedrängt wurde. Sie wohnten nahe beim Kaltbad und waren sehr hilfreich. Oft kamen sie anstelle des Arztes und heilten die Menschen bei Krankheit und Unfall. Als sie starben, sollen auf ihrem Grab drei helle Lichter geleuchtet haben. Man erbaute an dieser

Stelle eine kleine Kapelle, neben der bald eine Quelle, Schwesternborn genannt, aus dem Boden sprudelte.

Schon sehr früh haben Volkskundler die drei Schwestern mit den drei heiligen Jungfrauen Einbeth, Wilbeth und Borbeth verglichen, die an vielen Orten Europas verehrt werden. Wir erinnern an die »drei Töchter« im Berner Oberland (Haslital) oder an den Dreifrauenkult der Region Basel. In Rafz im Kanton Zürich ist ein verborgener, heute kaum mehr bekannter »Schwesternbrunnen« überliefert. Und im Waadtland ergießt sich ein »Riaux des filles« in den Tine-Fluss. Die mythischen Bethen wurden zu Recht auch schon »Drei Damen aus der Steinzeit« genannt. Obwohl sie erst in keltisch-römischer Zeit schriftlich fassbar und einfach Matres, »Mütter«, genannt wurden, handelt es sich bei ihnen um alteuropäische Landschaftsgöttinnen aus vorkeltischer Zeit. Ebenso erscheinen sie in der europäischen Erzähltradition als drei Spinnerinnen mit dem Lebens- und Schicksalsfaden. Für jedes Kind, das die Ahnfrauen schenken, spinnen sie den seidenen Faden, messen ihn ab und schneiden ihn durch – in einem ewigen Kreislauf von Werden und Vergehen.

Eine Rigibesteigung

Carl Spitteler

Worein ich mich verliebt habe, das ist der alte Rigiweg von Weggis nach Kaltbad, so verliebt, dass ich seinetwegen kaum dazu komme, andere Rigiplätzchen zu berücksichtigen, sosehr ich mich auch danach sehne. Ich bin wahrlich kein Virtuose im Gehen; von Zürich nach Hottigen habe ich eine Droschke nötig; der Berg zum Polytechnikum scheint mir geradezu unersteiglich; zu Fuß auf den Uetli, kein Gedanke! Aber zu Fuß auf die Rigi, von Weggis aus, das ist anderlei; da komm ich immer mit. Es gibt nämlich schlechterdings keine leichtere Bergbesteigung als die auf die Rigi; das ist ja, als ob man in einem Garten hinanspaziert. Zunächst mit dem Fünfuhrschiff von Luzern fort. Bitte, entsetzen Sie sich nicht, man steht in Luzern sehr leicht um vier Uhr morgens auf, bei einem goldenen Morgen mit der Rigi als Perspektive; glauben Sie das einem geübten Langschläfer! Also mit dem Fünfuhrschiff fort, über den frischen See, während die Sonne die ersten Kunststücke vollführt. Angenehm durchfroren kommen Sie um Viertel vor sechs in Weggis an; die ganze Rigi liegt vor Ihnen im Schatten; denn die Sonne scheint darüber weg, ohne die untere Hälfte zu treffen, ein unschätzbarer Vorzug. Die Nüchternheit, die Frische des Sees und der Schatten macht Ihnen ein kräftiges Ausschreiten zum Bedürfnis;

und kaum haben Sie die ersten zwanzig Schritte getan, nur so um das erste, zweite Haus von Weggis herum, so seufzen Sie schon: »Das ist schön!« Und nun so fort: »Nein! Dass aber der Weg so schön wäre, das habe ich mir doch nicht vorgestellt.« Ein Wäldchen von Edelkastanien ist die erste Überraschung; dann weiter in Schlupfwinkeln durch Wald und Fels; dann über fröhliches Felstrümmergebiet in fruchtbaren Wiesen, immer grün, immer schattig, immer in Wendungen, den See vor Augen. Es dauert nicht lange, so möchte man seinen Nebenmenschen vor Freude anbeißen. Nach einer kleinen Stunde dünkt es einem, als ob man doch allmählich müde würde, wenn das länger dauerte. Die Sonne beginnt schon, hie und da, über das Gras zu streichen und auf die Schultern zu drücken. Da ist Sentiberg erreicht, ein mildtätiges Wirtshaus. Sitz; trink; streck dich. Hier weht Bergluft, und man genießt bereits Siegesgefühle. In einer großen Wendung über eine steile, heckenbesetzte Blöße, deren Länge das Auge stets von Neuem unterschätzt – oben beim Bachwinkel ein reizendes Eckchen, zum Nachmittagslager gut –, führt jetzt der Weg unter die jähen Felswände durch den stillen Tannenwald, über Runsen und Wasserfälle, unten Sentiberg und in der Tiefe der See, durch die Bäume heraufiugend; in dem tiefen Wald- und Felsschatten nimmt man kaum gewahr, dass der Weg so steil wie eine Treppe bergan führt; man hat ohnehin viel, zu viel, zu tun, sich zu freuen, um an die Steigung zu denken. Eine Kapelle überrascht uns. »Was? Schon der halbe Weg? Schon beinahe tausend Meter Höhe?« Weiter einige verlassene Milchstationen; ab und zu so steile Partien, dass man hinter sich rutscht, aber alles im dunklen Wald, plötzlich, wie vom Himmel gefallen, mitten im Wald Felsentor. Man hat den ersten der Kurorte erreicht, man weiß sich auf der Rigi. Ihr, die Ihr die Gasthöfe Naturverderber schmäht, psychologisiert mir doch gefälligst, was Ihr empfindet, wenn Ihr unvermutet im Walde an Pension

Felsentor stößt. Wenn Ihr wahrhaftig seid, so müsst Ihr bekennen, dass alle Eure Gefühle sich mit dem Worte Beefsteak ausdrücken lassen. Felsentor hat wohlige Waldverstecke; wer hier tagelang bleibt, hat ein gutes Teil erwählt. Von hier weiter hinauf ist freilich guter Rat schwierig. Dem Wege nach, über die heißen, sonnigen Alpen, beim Kreuz vorbei? Wenn es durchaus sein muss, in Gottes Namen, es bringt einen nicht um; aber es ist eine böse und langwierige Strecke, fast eine Stunde, welche mehr ermattet als der ganze bisherige zweistündige Weg. Oder links mutig in die Tannen hinein, geradeauf, pfadfindend, über Steine, Moos und Bach, um die Felsen? Wer einen frohmütigen Charakter und gute Gesellschaft hat, wer sich nicht ärgert, wenn er einmal ein paar Schritte zurücktun oder über ein Wässerchen hüpfen muss oder einem Züglein Hornvieh ausweichen, dem rate ich unbedingt zu. Er verliert zwar wahrscheinlich eine halbe Stunde Zeit, denn nichts ist ja zeitraubender als Abkürzungen. Dagegen gewinnt er ein Stück dörfliches Sennenidyll, ungeahnt im Walde versteckt, und überhaupt ganz neuartige Bilderchen. Doch wie gesagt, etwas Irregehen darf einen nicht verdrießen. Nach Regen meide man diesen Pfad, denn der Boden ist da sumpfig. Das Beste wird wohl sein, wenn es irgend mit der Zeit klappt, nach Station Romiti hinüberzugehen – eine Viertelstunde – und bis Kaltbad zu fahren. Den Fußweg von Vitznau kenne ich nur teilweise, diesen Teil aber schätze ich dermaßen, dass ich mich schwer entschließe, daran mit der Bahn vorbeizufahren. Es ist die Strecke Freibergen–Romiti, ein köstlicher Spaziergang durch freundlichen, sonnendurchwärmten Wald, darin unter anderem ein nächtliches Weihnachtswäldchen mit Miniaturtännchen, ähnlich wie auf dem Uetliberg, nur noch viel kleiner und dunkler.

Kuckucksuhr, Alpenstock und sterbender Löwe

Mark Twain

Luzern ist eine bezaubernde Stadt. Sie beginnt am Ufer des Sees mit einem Saum von Hotels, klettert empor und breitet sich dicht gedrängt, in ungeordnetem, malerischem Stil über zwei oder drei steile Berge aus, wobei es dem Blick einen aufgetürmten Wirrwarr aus roten Dächern, wunderlichen Giebeln, Dachfenstern, zahnstocherähnlichen Kirchtürmen darbietet, wobei hier und da ein Stück alter, zinnengekrönter Stadtmauer wurmartig über die Bergkuppen kriecht und da und dort ein alter, viereckiger Turm aus festem Mauerwerk steht. Und auch hier und da eine Turmuhr mit nur einem Zeiger – einem Zeiger, der quer über das Zifferblatt reicht und kein Gelenk besitzt; eine solche Uhr hebt die Gesamtwirkung, aber die Tageszeit kann man von ihr nicht ablesen. Zwischen der geschwungenen Reihe der Hotels und dem See liegt eine breite Allee mit Lampen und einer doppelten Reihe niedriger, Schatten spendender Bäume. Das Seeufer ist wie ein Pier mit Mauerwerk eingefasst und besitzt ein Geländer, damit die Leute nicht über Bord gehen. Den ganzen Tag lang rasen Fahrzeuge die Allee entlang, und Kindermädchen, Kinder und Touristen sitzen im Schatten der Bäume oder lehnen sich über das Geländer und sehen zu, wie die Schwärme von Fischen im klaren Wasser umherflitzen, oder blicken über den See hinaus auf den prachtvollen Saum schneebedeckter Bergspitzen. Immerzu kommen und gehen kleine Vergnügungsdampfer, schwarz von Menschen, und überall sieht man junge Mädchen und junge Männer in wunderlichen Ruderbooten umherpaddeln oder, wenn Wind weht, mithilfe von Segeln dahintreiben. Die Vorderzimmer der Hotels haben einen kleinen vergitterten Balkon, wo man in ruhigem, kühlem Behagen für sich allein speisen und auf dieses geschäftige und hübsche Bild hinunterblicken und es genießen kann, ohne eine der damit verbundenen Arbeiten leisten zu müssen.

Die meisten Leute, Männer und auch Frauen, gehen in Wanderkleidung und tragen Alpenstöcke. Offensichtlich hält man es nicht für sicher, in der Schweiz – selbst in der Stadt – ohne Alpenstock umherzulaufen. Wenn der Tourist nicht daran denkt und ohne Alpenstock zum Frühstück herunterkommt, geht er zurück, holt ihn und stellt ihn in die Ecke. Wenn seine Reisen durch die Schweiz zu Ende sind, wirft er diesen Besenstiel nicht fort, sondern schleppt ihn mit nach Hause in die fernsten Winkel der Erde, obwohl ihm das mehr Mühe und Ärger macht, als ein Säugling oder ein Reiseführer verursachen könnte. Man muss wissen, der Alpenstock ist seine Trophäe; der Name des Besitzers ist darauf eingebrannt; und wenn er damit einen Hügel erstiegen, einen Bach übersprungen oder eine Ziegelei überquert hat, lässt er die Namen dieser Orte auch darauf einbrennen. Daher ist der Alpenstock sozusagen seine Regimentsfahne und trägt das Register seiner Heldentaten. Wenn der Reisende ihn kauft, ist er drei Franken wert, aber um eine Goldgrube könnte man ihn nicht kaufen, nachdem seine großen Taten darauf eingeritzt sind. In der ganzen Schweiz gibt es Handwerker, deren Gewerbe es ist, das in die Alpenstöcke der Touristen einzubrennen. Und man beachte, dass in der Schweiz ein Mann nach seinem Alpenstock bewertet wird. Ich stellte fest, dass ich dort keine Aufmerksamkeit auf mich lenken konnte, solange ich einen Stock ohne Brandmale trug. Aber das Brennenlassen ist nicht teuer, deshalb half ich dem bald nach. Die Wirkung auf die nächste Touristenabteilung war sehr bemerkenswert. Ich fühlte mich für meine Mühe belohnt.

Die Hälfte der Meute, die im Sommer die Schweiz bevölkert, besteht aus Engländern; die andere Hälfte setzt sich aus vielen Nationalitäten zusammen, wobei die Deutschen vorangehen und die Amerikaner als Nächste folgen. Die Amerikaner waren nicht so zahlreich, wie ich erwartet hatte.

Die Table d'hôte um halb acht im großen Schweizerhof brachte ein gewaltiges Aufgebot der mannigfaltigsten Nationalitäten hervor, aber sie bot bessere Gelegenheit, Trachten zu studieren als Leute, denn die Menschenmenge saß an unendlich langen Tischen, und deshalb waren die Gesichter hauptsächlich in der Perspektive zu sehen; das Frühstück wurde an kleinen runden Tischen aufgetragen, und wenn man dann das Glück besaß, einen Tisch in der Mitte der Versammlung zu bekommen, hatte man so viele Gesichter zu betrachten, wie man es sich nur wünschen konnte. Wir versuchten immer, die Nationalitäten zu erraten, und im Allgemeinen gelang uns das ziemlich gut. Manchmal versuchten wir auch, die Namen der Leute zu erraten, aber das schlug fehl; das ist etwas, das wahrscheinlich eine Menge Übung erfordert.

Die Hofkirche ist wegen ihrer Orgelkonzerte berühmt. Den ganzen Sommer lang strömen die Touristen gegen sechs Uhr abends in diese Kirche, bezahlen ihren Franken und lauschen dem Lärm. Sie bleiben nicht, um alles zu hören, sondern stehen auf und trampeln über den hallenden Steinfußboden hinaus, wobei sie Zuspätkommenden begegnen, die geräuschvoll hereinpoltern. Dieses Hin-und-her-Getrampel dauert fast die ganze Zeit über an und wird durch das ständige Türenschlagen und das Husten, Bellen und Niesen der Menge noch unterstrichen. Unterdessen tost und kracht und donnert die große Orgel dahin und tut, was sie nur kann, um zu beweisen, dass sie die größte und lauteste Orgel Europas ist und dass eine kleine enge Kiste von Kirche der günstigste Ort ist, um ihre Gewalt abschätzen und würdigen zu können. Es ist wahr, dass gelegentlich leise und barmherzige Stellen vorkamen, aber das Trapptrapp der Touristen gestattete nur dann und wann gewissermaßen einen flüchtigen Blick davon zu erhaschen. Dann ließ der Organist gleich wieder eine neue Lawine los.

Das Wirtschaftsleben Luzerns besteht hauptsächlich aus dem Andenkentrödelmarkt; die Läden sind vollgestopft mit Bergkristallen, Landschaftsfotografien und Holz- und Elfenbeinschnitzereien. Ich möchte die Tatsache nicht verhehlen, dass es dort kleine Reproduktionen des Löwen von Luzern zu kaufen gibt. Millionen davon. Aber jede einzelne stellt einen Hohn auf ihn dar. Das majestätische Pathos des Originals besitzt ein gewisses Etwas, das der Kopist nicht herausbekommt. Sogar der Sonne gelingt das nicht; sowohl der Fotograf als auch der Bildschnitzer liefern einen sterbenden Löwen und weiter nichts. Die Form stimmt, die Haltung stimmt, die Proportionen stimmen, aber jenes unbeschreibliche Etwas fehlt, das aus dem Löwen von Luzern das trauervollste und ergreifendste Stück Stein der Welt macht.

Der Löwe liegt auf seinem Lager in der senkrechten Stirnwand eines niedrigen Felsens – denn er ist aus dem gewachsenen Felsen der Steilwand gemeißelt. Er hat kolossale Größe, eine edle Haltung. Sein Haupt ist gesenkt, der abgebrochene Speer steckt ihm in der Schulter, seine schützende Pranke ruht auf den bourbonischen Lilien. Ranken hängen an dem Felsen herab und wehen im Winde, von oben tröpfelt ein klarer Wasserlauf in einen Teich am Fuße der Klippe, und in der glatten

Fläche des Teiches spiegelt sich der Löwe zwischen den Seerosen wider.

Grüne Bäume und Gras ringsumher. Es ist ein geschützter, stiller Waldwinkel, fern allem Lärm, Betrieb und Wirrwarr – und das stimmt alles, denn Löwen sterben wirklich an solchen Stellen und nicht auf Granitsockeln öffentlicher Plätze, eingeschlossen zwischen bizarren Eisengeländern. Der Löwe von Luzern würde überall Eindruck machen, aber nirgends so viel wie dort, wo er ist.

Wir haben keine hölzernen Nachbildungen des Löwen gekauft, auch keine aus Elfenbein, Ebenholz, Marmor, Kreide, Zucker oder Schokolade, nicht einmal fotografische Verleumdungen des Löwen. Tatsächlich waren diese Kopien in den Läden und überall so allgemein verbreitet, dass sie dem ermüdeten Auge bald so unerträglich wurden wie gewöhnlich der neueste Schlager dem gemarterten Ohr. In Luzern begannen uns auch bald Holzschnitzereien anderer Art zu ermüden, die so nett ausgesehen hatten, wenn man sie gelegentlich zu Hause zu Gesicht bekam. Wir hatten es bald reichlich satt, Wachteln und Hühner aus Holz um Zifferblätter herumpicken und -stolzieren zu sehen, und noch viel satter bekamen wir hölzerne Darstellungen der angeblichen Gämse, wie sie auf hölzernen Felsen herumhüpft, in Familiengruppen auf ihnen liegt oder wachsam hinter ihnen hervorlugt. Am ersten Tag hätte ich hundertfünfzig solcher Uhren gekauft, wenn ich das Geld gehabt hätte – und drei habe ich gekauft –, aber am dritten Tag war die Krankheit überstanden, ich war genesen und erneut auf dem Markt – und versuchte zu verkaufen. Aber ich hatte kein Glück; das war auch nicht schlimm, denn zweifellos werden die Sachen, wenn ich sie nach Hause bringe, wieder ganz nett wirken.

Jahrelang hatte meine eifrigste Abscheu der Kuckucksuhr gegolten; nun befand ich mich hier zu guter Letzt mitten in der Heimat dieses Geschöpfes; und so lag mir immer, wohin ich mich auch wandte, dieses zermürbende »Huhu! Huhu! Huhu!« in den Ohren. Ein schöner Zustand für einen nervösen Menschen. Manche Töne sind abstoßender als andere, aber kein Ton ist so unsinnig, albern und unangenehm wie das »Huhu« der Kuckucksuhr, meine ich. Ich habe eine gekauft und nehme sie für eine gewisse Person mit nach Hause; denn ich habe immer gesagt, dass ich diesem Manne eins auswischen würde, wenn sich je die Gelegenheit dazu ergeben sollte. Ich hatte zwar gemeint, dass ich ihm ein Bein brechen würde, oder etwas in dieser Art; aber in Luzern erkannte ich sofort, dass ich seinen Geist zerrütten könnte. Das wäre dauerhafter und in jeder Beziehung befriedigender. Also kaufte ich die Kuckucksuhr; und wenn ich jemals damit nach Hause komme, ist er »geliefert«, wie man in den Silbergruben sagt. Ich dachte an einen weiteren Kandidaten – einen Literaturkritiker, den ich nennen könnte, wenn ich wollte –, aber nachdem ich es mir überlegt hatte, kaufte ich ihm doch keine Uhr. Seinem Geiste könnte ich keinen Schaden mehr zufügen.

Wir sahen uns die beiden langen, überdachten Holzbrücken an, welche die grüne, glitzernde Reuss kurz unterhalb der Stelle überspannen, wo sie tollend und jauchzend dem See entströmt. Diese schräg verlaufenden, schwankenden Tunnel mit ihren überdachten Ausblicken auf das liebliche, gemütserfrischende Wasser sind ganz reizend. Sie enthalten zwei- oder dreihundert wunderliche alte Bilder von alten schweizerischen Meistern, die vor dem Niedergang der Malerei wirkten.

In der Nähe des Löwen von Luzern liegt der sogenannte »Gletschergarten«, und der ist einzig auf der Welt. Er liegt auf einer Anhöhe. Vor vier oder fünf Jahren sind einige Arbeiter, die das Fundament für ein Haus ausschachteten, auf diesen interessanten Überrest einer längst entschwundenen Zeit gestoßen. Wissenschaftler haben in ihm eine Bestätigung ihrer Theorien über die Eiszeit gesehen; deshalb kaufte man auf ihr Betreiben hin das kleine Grundstück und sicherte es für alle Zeiten gegen eine Bebauung. Die Erde wurde entfernt, und da trat das zerschundene und zerfurchte Bett zutage, das der alte Gletscher gegraben hatte, als er auf seiner langsamen und beschwerlichen Reise dahinzog. Dieses Bett wies im gewachsenen Felsen ungeheure, topfähnliche Löcher auf, die dadurch entstanden waren, dass der reißende Bach, der unter allen Gletschern fließt, Geröllblöcke ungestüm darin herumgewirbelt hatte. Diese riesigen runden Steinblöcke liegen noch in den Löchern; sie und die Innenwände der Löcher sind von dem lang währenden Aneinanderreiben ganz glatt gescheuert. Es hat einer gewaltigen Kraft bedurft, diese großen Steinbrocken so kräftig herumzuschleudern. Das umliegende Land hatte damals eine ganz andere Gestalt – seither haben sich die Täler gehoben und sind zu Bergen, und die Berge sind zu Tälern geworden. Die Blöcke, die man in den Töpfen gefunden hat, sind eine weite Strecke gereist, denn es gibt ähnliches Gestein nicht näher als am Rhonegletscher.

Einige Tage lang genossen wir nach Herzenslust den Anblick des blauen Vierwaldstättersees und der aufgetürmten Massen der ihn rings umgebenden Schneeberge; Letztere bieten ein verführerisches Bild, denn ein majestätischer Schneegipfel, auf den die Sonne herabflammt oder den das Mondlicht sanft übergießt, besitzt eine seltsam fesselnde Schönheit und Zauberkraft; aber wir beschlossen endlich, eine kleine Rundfahrt mit dem Dampfer zu machen und zu Fuß einen Sturm auf den Rigi zu unternehmen.

Nun gut, eines windigen, sonnigen Tages machten wir einen entzückenden Ausflug nach Flüelen. Alles saß auf Bänken unter einem Sonnensegel auf dem Oberdeck; alles schwatzte, lachte und begeisterte sich an der wunderbaren Landschaft.

Wahrhaftig, ein Ausflug auf diesem See ist beinahe eine Vergnügungsreise in höchster Vollkommenheit. Das Wunder der Berge nahm kein Ende. Manchmal stiegen sie direkt aus dem See auf, türmten sich hoch hinauf und überschatteten dabei mit ihrer ungeheuren Masse unseren zwergenhaften Dampfer ganz bedrückend. Die Berge bedeckte kein Schnee, aber sie stiegen hoch genug in den Himmel, um den Wolken zu begegnen und sich die Stirn mit ihnen zu verschleiern. Sie waren nicht kahl und unzugänglich, sondern in Grün gehüllt, dem Auge wohltuend und angenehm; und manchmal erhoben sie sich so steil, beinahe senkrecht, dass man sich nicht vorstellen konnte, wie ein Mensch in der Lage war, auf einer solchen Fläche Halt zu finden, und doch gibt es da Pfade, und die Schweizer ziehen täglich auf ihnen hinauf und hinab.

Manchmal neigte sich einer dieser ungeheuren Hänge nur so leicht wie das Dach einer gewaltigen Schiffshalle auf der Werft; weiter oben, dem Himmel zu, neigte er sich steiler, etwa wie ein Mansardendach, und oben auf dieser schwindelerregenden Mansarde entdeckte das Auge kleine Dinger wie Schwalbennester und bemerkte plötzlich, dass es Bauernhäuser waren – wahrhaftig ein luftiger Ort für eine Heimstätte. Und angenommen, ein Bauer wandelte im Schlaf oder sein Kind fiele aus dem Vorgarten heraus? Die Freunde hätten eine beschwerliche, lange Reise aus diesen Wolkenhöhen herab, bis sie die Überreste fänden. Und doch sahen diese fernen Heimstätten so unendlich verführerisch aus; sie waren so weit weg von der geplagten Welt, sie ruhten in einer solchen Atmosphäre des Friedens und der Träumerei – gewiss würde niemand, der sich dort oben eingelebt hat, jemals wieder in niedrigerer Lage leben wollen.

Wir glitten in allerliebsten, kleinen, gewundenen Seitenarmen des Sees zwischen diesen kolossalen grünen Mauern dahin und genossen mit immer neuem Entzücken, wie das erhabene Panorama sich vor uns entfaltete und hinter uns wieder einrollte und verbarg; und gelegentlich erlebten wir die aufwühlende Überraschung, plötzlich und unvermittelt auf eine ungeheure, weiße Masse zu stoßen wie die ferne und alles beherrschende Jungfrau oder einen verwandten Riesen, der Haupt und Schultern hoch über eine wirre Wildnis kleinerer Alpen emporreckte.

Eine halbe Stunde später saß ich auf einer Bank und betrachtete sehr interessiert einen edlen Monolithen, an dem wir vorüberglitten – einen Monolithen, nicht vom Menschen gestaltet, sondern von der ungebundenen, großzügigen Hand der Natur –, einen massigen, pyramidenförmigen, achtzig Fuß hohen Felsen, den die Natur vor zehn Millionen Jahren für den Tag entworfen hat, da ein seiner würdiger Mensch ihn als Monument benötigen sollte. Endlich kam die Zeit, und nun trägt dieses großartige Mahnmal in riesigen Buchstaben Schillers Namen auf der Stirn. Merkwürdigerweise hat das diesen Felsen keineswegs herabgewürdigt oder entweiht. Es heißt, vor zwei Jahren habe sich ein Fremder mit Seilen und Flaschenzügen von seiner Spitze herabgelassen und über den ganzen Felsen in blauen Lettern, größer als jene in Schillers Namen, folgende Worte gemalt:

VERSUCHT ES MIT SOZODONT
KAUFT OFENPOLITUR MARKE SONNE
HELMBOLDS BUCHU
FÜR DAS BLUT NIMM BENZALIN

Er wurde verhaftet, und es stellte sich heraus, dass er Amerikaner war. Bei der Verhandlung sagte der Richter zu ihm: »Sie stammen aus einem Lande, wo es jedem Unverschämten, der nur will, erlaubt ist, die Natur und durch sie den Gott der Natur zu verunglimpfen und zu beleidigen, wenn er dadurch nur einen schmutzigen Pfennig einstecken kann. Aber hier ist es anders. Weil Sie ein Ausländer sind, der nicht Bescheid weiß, werde ich Ihnen ein leichtes Strafmaß auferlegen; wären Sie ein Hiesiger, würde ich streng mit Ihnen verfahren. Hören und gehorchen Sie: Sie werden sofort jede Spur Ihrer ekelhaften Tätigkeit vom Schillerdenkmal entfernen; Sie werden eine Geldstrafe von zehntausend Franken entrichten; Sie werden zehn Jahre Gefängnis mit Zwangsarbeit hinnehmen; dann werden Sie ausgepeitscht, geteert und gefedert, Ihrer Ohren beraubt, auf einem Pfosten reitend zur Grenze des Kantons getragen und für alle Zeiten verbannt. Von den strengeren Strafen wird in Ihrem Falle Abstand genommen – nicht als Gnadenerweis Ihnen, sondern jener großen Republik gegenüber, die das Unglück hatte, Sie zur Welt zu bringen.«

Nachwort

»Der Himmel offen bis weit hinter die Berge, vollkommen rein und von jenem Blau, dessen Tiefe schon Südlicht hat.« *(Urs Oberlin)*

Die Rundreise um den Vierwaldstättersee beginnt heiter. Das ist nicht selbstverständlich; Luzern soll der wetterwendischste Ort der Schweiz sein. »Trägt der Pilatus einen Hut, wird das Wetter gut. Trägt er einen Degen, gibt es sicher Regen.« Um den Luzerner Hausberg hat sich stets »alle Furcht und alle Faszination, aller Schrecken und alle Begeisterung, die die Gebirgswelt in den Menschen auslöst, verdichtet.« *(Peter von Matt)* Geister, Drachen und Dämonen hausen in Schrunden und Schluchten. Nicht nur der Pilatus, die ganze Innerschweiz ist ein einziges Sagenland. Bevor wir an Bord gehen, erleben wir mit *Gertrud Leutenegger* die »süße Panik des Abreisens« – und den dramatischen Brand des Luzerner Bahnhofs am 5. Februar 1971.

Fünf Dampfschiffe verkehren auf dem vielarmigen See: *Uri* (1902), das älteste, *Unterwalden,* eben generalsaniert, ein Jahr jünger. Uns erwartet die stolze *Stadt Luzern,* seit 1928 auf dem Wasser. Im Art-Déco-Salon nippte einst Königin Elisabeth II. an einem Tee. General Guisan trank wohl eher ein Glas Weißwein auf seiner Fahrt zum Rütlirapport im Juli 1940.

Wir passieren die Landzunge, wo Richard Wagner im Tribschener Landhaus mit Cosima von Bülow und ihren Kindern gelebt hat. *Ludwig Marcuse* zeichnet den Komponisten als »stürmischen Idylliker«, »in hundert Affären verstrickt«, als »Kreuzzügler gegen Welsche, Katholiken, Juden«.

Stansstad–Beckenried–Treib. Auf 850 Metern die Sonnenterrasse Seelisberg und Wanderer *Franz Hohler,* der sich gegen den »mehrstimmig singenden« Föhn nach Flüelen kämpft. Ein ausgedehnter Zwischenhalt beim Rütli, »der Wiege der

Schweiz«. Hier sollen sich Vertreter der Urkantone gegen die Vögte verbündet haben. Mythos oder Wahrheit? Die Frage, meint *Peter von Matt,* ist eine Falle. Für jede Nation verdichte sich ihre historische Herkunft in erregenden Geschichten. Am Rütlischwur sei abzulesen, »dass wir in der Schweiz keinen Häuptling brauchen und keinen wollen«. *Urs Widmer* sieht es ähnlich: »Tell lebt. Warum denn auch nicht? Es bleibt deshalb dabei, dass unser Land, als einziges weit und breit, einen Gründungsmythos feiert, der auf einem Attentat beruht.«

Max Frisch liefert dazu eine hinreißende Version, erzählt vom dicklichen Ritter Konrad von Tillendorff (Gessler), der »ohne Sinn für Landschaft« widerwillig durch das reichsfreie Uri ritt, von Kopfweh geplagt (der Föhn!). »Es dünkte ihn aberwitzig, dass Menschen in einer solchen Gegend wohnten … Wenn er die sturen Felsen sah und das Geröll, überall Hänge von Geröll, verstand er, dass sie mürrisch waren.«

Wir nähern uns Flüelen, dem Süden, dem Gotthard, diesem »erratischen Block« in der geistigen Landschaft der Schweiz. *(Helmut Stalder)* Anders als Frischs Ritter reiste *Johann Wolfgang von Goethe* mit wachen Sinnen, studierte Topografie, Steine, Pflanzen, das Volk und sein Tun – und verzehrte in Altdorf lustvoll ein Berghuhn: »Es ist ein Fehler bei Fußreisen, dass man nicht oft genug rückwärts sieht, wodurch man die schönsten Aussichten verliert.« *Friedrich Engels* foutierte sich um Aussichten; er goss beißenden Spott über die Urschweiz, über diesen einzigen Kampf »störrischer Hirten« gegen die geschichtliche Entwicklung.

König Ludwig II. hingegen war so fasziniert von dieser idyllischen Gegend, dass er den Bau des Schlosses Neuschwanstein auf der Rütliwiese plante … Mit Hofschauspieler Joseph Kainz residierte er im Grandhotel Axenstein. Ein theatralisches Happening.

Der Dampfer führt uns dem östlichen Ufer entlang. Gersau,

etwa vierhundert Jahre lang die weltkleinste Republik, liegt windgeschützt am Rigisüdhang; der Ort gehört mit Vitznau und Weggis zur Riviera des Vierwaldstättersees. Hier nehmen wir an zwei höchst unterschiedlichen Lustbarkeiten teil: einem Festmahl für Königin Viktoria von England im Jahr 1868 und an der Feckerchilbi 1982.

Die Rigi – vorletzte Station: Die Pension Felsentor, in der *Carl Spitteler* einst ein grandioses Beefsteak genoss, ist heute allerdings ein buddhistisches Seminarhaus. Im Kaltbad jedoch sprudelt ab Frühjahr 2012 wieder Wasser. Warmes Wasser. In sakralem Ambiente. Stararchitekt Mario Botta hat das neue »Mineralbad & Spa Rigi Kaltbad« entworfen.

Zurück ins regnerische Luzern – zum Stadtbummel mit *Mark Twain*. Er führt zum Löwendenkmal, dem »trauervollsten und ergreifendsten Stück Stein der Welt«, kauft eine Kuckucksuhr, wundert sich über Alpenstöcke (»offensichtlich hält man es nicht für sicher, in der Schweiz – selbst in der Stadt – ohne Alpenstock umherzulaufen«) und unternimmt dann seinerseits eine Rundfahrt auf dem See: »Beinahe eine Vergnügungsreise in höchster Vollkommenheit.«

Franziska Schläpfer

Worterklärungen

Aare Nebenfluss des Rheins

Aargauer Bewohner des Kantons Aargau

Ab Yberg, Theodor (1795–1869) Schweizer Politiker aus Schwyz, der im Sonderbundkrieg eine bedeutende Rolle einnahm

Alte Eidgenossenschaft Schweizerische Eidgenossenschaft, wie sie vom Zusammenschluss der Urkantone Uri, Schwyz und Unterwalden 1291 bis zum Einmarsch der Franzosen und der Helvetik 1798 bestand

Anken Butter

anknen Herstellung von Butter

Antinous schöner griechischer Jüngling an Hadrians Hof

Auffahrtswochenende Himmelfahrtswochenende

Beiz Schenke, Wirtshaus

Blocher, Christoph führender Schweizer SVP-Politiker, Bundesrat 2003–2007

Brachmonat Juni

Bund von 1291 Zusammenschluss der Urkantone Uri, Schwyz und Unterwalden

Chilbi Jahrmarkt

Dithmarschen Region und Kreis in Schleswig-Holstein, meist als eine (ehemalige) freie Bauernrepublik bezeichnet

duzis jemanden mit Du anreden

Einsiedeln meistbesuchter Wallfahrtsort der Schweiz, bekannt durch die barocke Klosterkirche und die schwarze Madonna

Emme Fluss, der an der Grenze zwischen dem Kanton Bern und Luzern entspringt

Fecker in der Innerschweiz gebräuchlicher Begriff für Vagabunden, Heimatlose, Fahrende und Zigeuner

Fenier Angehöriger eines irischen Geheimbundes, der bis zum Anfang des 20. Jahrhunderts für die Trennung Irlands von Großbritannien eintrat

Flöze sedimentär entstandene, ausgedehnte Lagerstätte eines Rohstoffes (z.B. Kohlenflöz, Eisensteinflöz), die parallel zur Gesteinsschichtung verläuft

Flüe, Niklaus von der (auch: Bruder Klaus) (1417–1487) Schweizer Einsiedler, Asket und Mystiker aus dem Kanton Obwalden. Er gilt als Schutzpatron der Schweiz

Föhn warmer, trockener Fallwind
Fötzel Lump, Taugenichts
Fürst, Walter Abgesandter von Uri, der gemäß der Legende im Jahr 1291 mit dem Rütlischwur, zusammen mit Arnold von Melchtal für Unterwalden und Werner Stauffacher für Schwyz, auf der Rütliwiese die Schweizerische Eidgenossenschaft begründete
Gaden Kammer, Scheune
Geißbock Ziegenbock
General Guisan, Henri (1874–1960) General und damit Oberbefehlshaber der Schweizer Armee während des Zweiten Weltkriegs
Gessler habsburgerischer Landvogt in Schwyz und Uri, der der Legende nach von Wilhelm Tell erschossen wird
Gotthardpost Gemälde des Schweizer Malers Rudolf Koller (1828–1905)
gounodsche Oper Oper des französischen Komponisten Charles François Gounod (1818–1893)
Grandson Schlacht bei Grandson 1476. In der Entscheidungsschlacht siegten die Eidgenossen und schlugen die Burgunder in die Flucht
Grummet zweites Heu
Hag Zaun, Hecke
Halbkanton Bezeichnung für jene sechs Schweizer Kantone, welche nur mit einem Sitz im Ständerat vertreten sind und bei der Berechnung des Ständemehrs nur eine halbe Standesstimme besitzen
Hauff, Wilhelm (1802–1827) deutscher Schriftsteller der Romantik
Heuer Heumacher
Hesselschwerdt, Karl (1840–1902) Marstallfourier und Vertrauter Ludwigs II.
Hilfswerk »Kinder der Landstraße« 1926 von der Stiftung Pro Juventute gegründetes Projekt, in dem mit Unterstützung der Vormundschaftsbehörden Kinder von »Fahrenden« ihren Familien entzogen wurden, mit dem Ziel, sie an die mehrheitsgesellschaftliche Lebensweise anzupassen. Auf öffentlichen Druck wurde das Projekt 1972 eingestellt
Hohle Gasse Hohlweg zwischen Küssnacht am Rigi und Immensee. Hier soll 1307 Tell den habsburgischen Landvogt Gessler mit einem Pfeil seiner Armbrust erschossen haben
in effigie bildlich
Jass Schweizer Kartenspiel
Jenische westeuropäische Volksgruppe, die auf mehrere Hunderttausend Personen geschätzt wird, von denen rund 35 000 in der Schweiz

leben. Einzig in der Schweiz erfahren sie eine gewisse Anerkennung und Förderung als Teil der vom Bund als nationale Minderheit anerkannten Schweizer Fahrenden

Kainz, Josef Gottfried Ignaz (1858–1910) österreichischer Schauspieler, der Hauptrollen in den Vorstellungen für König Ludwig II. von Bayern übernahm

Kappeler Milchsuppe Von Zugern und Zürchern angeblich gemeinsam zubereitete und verspeiste Suppe, als 1529 im Ersten Kappelerkrieg Zürcher Truppen in die Innerschweiz einmarschierten. Während die Führer der beiden Truppen verhandelten, wurde genau auf der Grenze zwischen Zürich und Zug ein Kochtopf aufgestellt

Karolin Goldmünze

Kasematte beschusssicherer Raum in Festungen

Kuhreigen Gesang der schweizerischen Kuhhirten

Landammann schweizerische Amtsbezeichnung; ursprünglich das gewählte Oberhaupt der Landsgemeinde eines selbst verwalteten Kantons

Landschreiber Amtsbezeichnung der Frühen Neuzeit, Bezeichnung für den Generalsekretär einer Kantonsregierung

Loetscher, Hugo (1929–2009) Schweizer Schriftsteller und Journalist

Louis d'or französische Goldmünze, die bei der großen Münzreform (1640–1641) unter Ludwig XIII. eingeführt wurde

Löwe von Luzern Denkmal, das in der Allegorie eines sterbenden Löwen an die 1792 beim Tuileriensturm in Paris gefallenen Schweizergardisten erinnert

Lukmanier Schweizer Alpenpass an der Grenze zwischen den Kantonen Graubünden und Tessin

Major Davel, Jean Daniel Abraham (1670–1723) wollte das Waadtland von der Herrschaft Berns befreien und rückte am 1723 mit 500–600 Mann in Lausanne ein, wo er dem Stadtrat seinen Plan zur Befreiung des Waadtlandes vorlegte. Dieser berichtete jedoch über den Vorfall sofort nach Bern, und Davel wurde verhaftet

Marignano Schlacht bei Marignano vom 13./14. September 1515; Auseinandersetzung zwischen den Eidgenossen und Frankreich um das Herzogtum Mailand. Die Eidgenossen verloren die Schlacht

Meitli Mädchen

Melchtal, Arnold von Abgesandter von Unterwalden, der gemäß der Legende im Jahr 1291 mit dem Rütlischwur, zusammen mit Walter

Fürst für Uri und Werner Stauffacher für Schwyz, auf der Rütliwiese die Schweizerische Eidgenossenschaft begründete

Meyer-Amden, Otto (1885–1933) Schweizer Maler und Grafiker

Mord von Greifensee Massaker von Innerschweizer Heerhaufen an der Besatzung der Zürcher Festung Greifensee während des Alten Zürichkriegs im Jahr 1444

Morgarten Schlacht von Morgarten am 15. November 1315 zwischen den Eidgenossen und den Habsburgern. Der Sieg der Eidgenossen verstärkte deren Gemeinschaftsgefühl

Müller, Johannes von (1752–1809) Schweizer Geschichtsschreiber, politischer Publizist und Staatsmann

Münzgulden Münzen aus Luzern, die 1794 und 1796 als Goldstücke im Gewicht von 7,64 g (12 Münzgulden) und 15,28 g (24 Münzgulden) ausgeprägt wurden

Murten Schlacht bei Murten; wurde am 22. Juni 1476 zwischen Truppen der Eidgenossenschaft und des burgundischen Herzogs Karl des Kühnen im Rahmen der Burgunderkriege ausgetragen. Die Eidgenossen gingen als Sieger aus der Schlacht hervor

Mythen Bergmassiv in den Schwyzer Voralpen, bestehend aus den zwei Gipfeln des Kleinen und des Großen Mythen, die das Wahrzeichen des Kantonshauptorts Schwyz sind

Nancy Schlacht bei Nancy vom 5. Januar 1477; letzte Auseinandersetzung der Burgunderkriege zwischen Herzog Karl dem Kühnen von Burgund und der Niederen Vereinigung, die sich 1474 zwischen der Eidgenossenschaft, einigen elsässischen Reichsstädten, dem habsburgischen Regenten von Vorderösterreich, den Bischöfen von Basel und Strassburg sowie dem Herzogtum Lothringen gebildet hatte

Nauen Nachen, Kahn

Neat Neue Eisenbahn-Alpentransversale, ein Großprojekt des Bundes, dessen prominente Kernstücke die beiden Basistunnel durch den Gotthard und den Lötschberg sind

Pfyffer, Ludwig (1524–1594) Schweizer Militärführer und Politiker

Piston Kornett

Platää Schlacht von Plataiai. Die gegen Persien verbündeten Griechen besiegten hier im Sommer 479 v. Chr. das persische Heer

Postillion Postkutscher

Radgenossenschaft Dachorganisation der Jenischen der Schweiz

Reuss viertgrößter Fluss der Schweiz, der im Gotthardmassiv entspringt

Rohde, Erwin (1845–1898) bedeutender deutscher Altphilologe

Rückert, Friedrich (1788–1866) deutscher Dichter, Übersetzer und einer der Begründer der deutschen Orientalistik

Salamis Seeschlacht von Salamis im Jahr 480 v. Chr. zwischen Griechen und Persern

Säumer erste Transporteure über die Alpen, die auf dem Rücken von Saumtieren jahrhundertelang vor allem Salz und Wein auf Saumpfaden über die Pässe beförderten

Schillerstein, Schillerdenkmal knapp 30 Meter hoher, markanter Felsblock, der am Eingang zum Urnersee aus dem Wasser ragt. 1859 beschlossen die Urkantone zu Ehren des 100. Geburtstags von Friedrich Schiller, den obeliskförmigen Stein in ein Schillerdenkmal umzuwandeln

Schmutziger Donnerstag Beginn der Fasnachtszeit, der mit Umzügen gefeiert wird, jeweils der letzte Donnerstag vor Aschermittwoch

Schultheiß Wengi von Solothurn Niklaus von Wengi der Jüngere (1485–1548), solothurnischer Politiker, wurde als »Held der solothurnischen Reformation« bekannt, als er als katholischer Schultheiß durch beherztes Eingreifen einen Religionskrieg im Kanton Solothurn verhinderte

Schweizer Psalm schweizerische Nationalhymne

Schwyzerörgeli Variante des diatonischen Akkordeons, das hauptsächlich in der Schweizer Volksmusik verwendet wird

Sempach Schlacht von Sempach vom 9. Juli 1386, aus der die Eidgenossen als Sieger hervorgingen. Sie gilt als Höhepunkt im Konflikt zwischen den Eidgenossen und den Habsburgern

Siebensiech Mordskerl

Siegfried, Alfred Leiter des Hilfswerks »Kinder der Landstraße«

Skrofelkrankheit ein heute seltenes Leiden, das vor allem Kleinkinder befällt

Sonderbund Verteidigungsbündnis (1845–1847) der sieben katholischen Schweizer Kantone Luzern, Uri, Schwyz, Unterwalden, Zug, Freiburg und Wallis

Stanser Verkommnis (auch: Stanser Verträge); 1481 geschlossenes Übereinkommen der acht Orte des Bundes der Eidgenossen, mit dem der innere Konflikt, insbesondere zwischen Stadt- und Landorten, beigelegt wurde

Stauffacher, Werner Abgesandter des Kantons Schwyz, der gemäß der

Legende im Jahr 1291 mit dem Rütlischwur, zusammen mit Walter Fürst für Uri und Arnold von Melchtal für Unterwalden, auf der Rütliwiese die schweizerische Eidgenossenschaft begründete

Stickelberg Johann Melchior Ernst Stickelberger (1831–1903), mit Künstlername Stückelberg, war im 19. Jahrhundert ein populärer Schweizer Maler. Die Fresken in der Tellskapelle gehören zu seinen bekanntesten Werken

Sust Magazine für die Lagerung von Transitgütern. Hier wurden die Waren auch gewogen

SVP Schweizerische Volkspartei

Talk sehr häufig vorkommendes Mineral aus der Klasse der Silicate und Germanate

Tellsplatte (auch: Tellenplatte) hier soll Wilhelm Tell sich gemäß der Sage mit einem Sprung vom Boot aus der Gewalt des Landvogts Gessler befreit haben (1307)

Tellskapelle Kapelle an der Tellsplatte

Thaumaturg Beiname mehrerer griechischer Heiliger

Thermopylen Schlacht um ca. 480 v. Chr. in der Thermopylen genannten Engstelle zwischen dem Meer und dem Kallidromosgebirge in Mittelgriechenland

Thorvaldsen, Bertel (1770–1844) dänischer Bildhauer

Ticino Fluss, der beim Nufenenpass entspringt und südöstlich von Pavia in den Po mündet

Titti Puppe

Tönner schwere Lastkraftwagen

Trift Weide, Holzflößung

Tschudi, Aegidius (1505–1573) schweizerischer Chronist

Tuileriensturm am 10. August 1792 wurde der von der Schweizergarde verteidigte Tuilerienpalast von der aufständischen Staatsbevölkerung in Paris gestürmt. König Ludwig XVI. wurde zur Flucht gezwungen, die französische Aristokratie vorläufig gestürzt. Die Schweizergarde erlitt hohe Verluste

Veronika (auch: Ehrenpreis) Pflanzenart der Familie der Wegerichgewächse (Plantaginaceae)

Villa Gutenberg vom Verleger Adelrich Benziger (1833–1896) im Jahr 1868 erbaute Villa in Brunnen am Vierwaldstättersee

Waldstätten seit Anfang des 14. Jahrhunderts Name der Urschweiz, bezieht sich auf die Lage der Ansiedlungen in den Waldgebieten

Weißes Buch von Sarnen um 1470 verfasst vom Landschreiber Hans Schriber. Es beinhaltet Urkunden aus Obwalden und die Geschichte der Urner, Schwyzer und Unterwaldner (u.a. die Legende des Wilhelm Tell)

Welsch (eigentlich: Rotwelsch) Sammelbegriff für Soziolekte gesellschaftlicher Randgruppen auf der Basis des Deutschen, die seit dem Mittelalter besonders bei Bettlern, fahrendem Volk und Vaganten in Gebrauch waren

Windgällen (Groß- und Kleinwindgälle) Berggipfel in den Glarner Alpen im Kanton Uri

Winckelmann, Johann Joachim (1717–1768) deutscher Archäologe, Antiquar und Kunstschriftsteller der frühen Aufklärung

Winkelried, Arnold mythische Figur der Schweizer Geschichte. Er soll 1386 in der Schlacht von Sempach ein Bündel Lanzen der habsburgischen Ritter gepackt und, sich selbst aufspießend, den Eidgenossen eine Bresche geöffnet haben

Zähringer schwäbisches Fürstengeschlecht das im 12. Jahrhundert im heutigen Südwestdeutschland und der heutigen Schweiz eine bedeutende Machtstellung erlangte. Es betrieb in ihrem Einflussbereich eine aktive Siedlungspolitik und gründete zahlreiche Städte, Dörfer und Klöster

Zwing-Uri Burg auf einem Hügel unterhalb Amsteg, die laut dem *Weißen Buch von Sarnen* um 1470 zur Zeit der Vögtevertreibung zerstört wurde. Heute sind dort noch Ruinen eines Turms zu sehen

Autorinnen und Autoren

Mit * gekennzeichnete Titel wurden für diese Anthologie vom Verlag neu gesetzt.

Conrad Beyer
geboren 1834 in Pommersfelden, studierte in Leipzig Literaturgeschichte und Naturgeschichte zusammen mit Alfred Edmund Brehm, dem Autor von *Brehms Tierleben*, mit dem er auch die Wohnung teilte. Beyer publizierte unter den Namen Conrad Byr oder C. Beyer-Boppard und pflegte Freundschaften mit diversen Geistesgrößen wie Ludwig II. von Bayern, Oskar II. von Schweden und Großherzog Alexander von Weimar. Vom König von Württemberg erhielt er den Hofratstitel. Beyer starb 1906 in Mainz.
»Ludwig II. im Grandhotel Axenstein«*, aus: Conrad Beyer, *Ludwig II. König von Bayern. Ein Charakterbild nach Mitteilungen hochstehender und bekannter Persönlichkeiten und nach anderen authentischen Quellen. Des Königs Aufenthalt am Vierwaldstättersee und sein Verkehr mit Josef Kainz.* Gustav Fock Verlag, Leipzig 1900.

Linus Birchler
geboren 1893 in Einsiedeln. Der Rechtswissenschaftler und Kunsthistoriker spezialisierte sich auf das Frühmittelalter und den Barock in der Schweiz und initiierte die Wiederaufführung des *Welttheaters* in Einsiedeln. Er redigierte 1927–1935 die *Kunstdenkmäler*-Bände der Kantone Schwyz und Zug und lehrte in den Jahren 1934–1961 Baugeschichte und Allgemeine Kunstgeschichte an der ETH Zürich. Birchler starb 1967.
»Nidwaldner, Obwaldner, Schwyzer und Einsiedler«* (»Differenzierte Wesensart«), aus: Linus Birchler, *Vielfalt der Urschweiz.* © Huber Verlag, Frauenfeld 2000.

Josef Maria Camenzind
geboren 1904 in Gersau. 1931 wurde er zum Priester geweiht und wirkte für die Missionsgesellschaft Bethlehem als Redakteur, Regens und Religionslehrer. Camenzind gilt als einer der letzten Vertreter einer Erzähltradition, die sich an eine kirchlich verwurzelte Leserschaft richtet. 1971 erhielt er den Literaturpreis der Innerschweiz als »Dichter der Heimat und der Welt«. Camenzind starb 1984.

»Das Festmahl der Königin«, aus: Josef Maria Camenzind, *Europa im Dorf. Von Kurgästen, Soldaten und Arbeitsleuten.* © Herder Verlag, Freiburg im Breisgau 1951.

Kurt Derungs

geboren 1962 in St. Gallen, studierte Ethnologie, Germanistik, Geschichte und Philosophie. Er gilt als der Begründer der Landschaftsmythologie bzw. Landschaftsethnologie. Derungs ist mitverantwortlich für das Verlagsprogramm der Edition Amalia, leitet Studienreisen (»Mythologisch Reisen«) und ist Dozent an der Hochschule für Gestaltung, Kunst und Konservierung (HGKK) in Bern. Jüngstes Buch: *Sagenhafte Schweiz. Die schönsten Sagenwege zum Reisen und Wandern. Abenteuerorte für die Familie* (2011).
»Das Kaltbad – Heilung im Dreischwesternbrunnen«* (»Rigi – Das Kaltbad am Vierwaldstättersee«), aus: Kurt Derungs, *Magische Quellen – Heiliges Wasser. Die 22 Kultquellen der Schweiz.* © Edition Amalia, Grenchen 2009.

Friedrich Engels

geboren 1820 in Barmen (Wuppertal). Er absolvierte eine Ausbildung zum Kaufmann und pflegte Verbindungen zum »Jungen Deutschland« um Gutzkow und Heine. Während er in der väterlichen Baumwollspinnerei in Manchester arbeitete, publizierte er erste sozialkritische Schriften. 1844 begann die lebenslange Freundschaft und Zusammenarbeit mit Karl Marx und 1848 erschien ihr *Manifest der Kommunistischen Partei.* Engels war Ehrenvorsitzender am Zürcher Kongress der »Zweiten Internationalen« im Jahr 1893. Der Unternehmer und Philosoph starb 1895 in London.
»Die Urschweizer: viel Wade, wenig Gehirn«* (»Der Schweizer Bürgerkrieg«), aus: Karl Marx, Friedrich Engels, *Werke,* Bd. 4, hg. von der Rosa-Luxemburg-Stiftung. © Karl Dietz Verlag, Berlin 1990.

Max Frisch

geboren 1911 in Zürich, studierte Architektur (das Zürcher Freibad Letzigraben blieb sein einziger größerer Bau), leistete 650 Tage Aktivdienst und schrieb Theaterstücke, Romane und Tagebücher. Er etablierte sich 1958 mit *Biedermann und die Brandstifter* als Dramatiker von Weltrang. Frisch starb 1991 in Zürich. Letzte Veröffentlichung:

Entwürfe zu einem dritten Tagebuch, hg. von Peter von Matt (2010).
»Wilhelm Tell für die Schule«, aus: Max Frisch, *Dienstbüchlein. Wilhelm Tell für die Schule.* © Suhrkamp Verlag, Frankfurt am Main 1971.

Johann Wolfgang von Goethe

geboren 1749 in Frankfurt, geadelt 1782, gestorben 1832 in Weimar. Auf seiner dritten Schweizer Reise 1797 erforschte er die Urkantone, schrieb seinem Freund Schiller, er habe nebst prosaischen Stoffen einen poetischen gefunden, die Fabel vom Tell. Zurück in Weimar, war so viel zu tun, dass er nicht dazu kam: »So trat ich meinen Gegenstand Schiller völlig ab.« (In einem Brief an Eckermann, 6.5.1827)
»Im Schwarzen Löwen zu Altdorf«* (»Tagebuch 1797«), aus: Johann Wolfgang von Goethe, *Sämtliche Werke,* Propyläen-Ausgabe Bd. 11. Georg Müller Verlag, München 1911. Für diese Ausgabe wurde die Rechtschreibung angepasst.

Franz Hohler

geboren 1943 in Biel, aufgewachsen in Olten. Der Meister mannigfacher literarischer Formen gilt als einer der bedeutendsten Kabarettisten und Erzähler der Schweiz. Seine Satiresendung am Schweizer Fernsehen 1980–1983 endete mit einem Eklat: *Denkpause* wurde kurzfristig abgesetzt wegen des Liedes *Dienschtverweigerer,* das damals bereits ein Klassiker war. Hohler lebt heute in Zürich. Jüngste Publikation: *Das Kurze. Das Einfache. Das Kindliche* (2010).
»Föhnsturm über dem ›Weg der Schweiz‹«* (»Föhn«), aus: Franz Hohler, *52 Wanderungen.* Luchterhand Verlag, München 2005. © Franz Hohler 2005.

Meinrad Inglin

geboren 1893 in Schwyz als Sohn eines Uhrenmachers und der Hotelierstochter vom Axenstein. Der 14-Jährige wollte schreiben und weigerte sich, im bürgerlichen Sinne »etwas zu werden«. Er studierte ohne Matura in Neuenburg, Genf und Bern und leistete fast vier Jahre Militärdienst. Die heimatliche Landschaft spielt in seinem Werk eine zentrale Rolle. 1922 erschien sein erster Roman *Die Welt in Ingoldau,* 1938 sein Opus Magnum *Schweizerspiegel.* Erfolgreich war *Die graue March* (1935). Der Ehrendoktor der Universität Zürich starb 1971 in Schwyz.

»Näzl und Wifeli«, aus: Georg Schoeck (Hg.), *Meinrad Inglin, Gesammelte Werke, Band 2. Erzählungen.* Ammann Verlag, Zürich 1990.

Gertrud Leutenegger

geboren 1948 in Schwyz. Nach Auslandsaufenthalten und einem Regiestudium in Zürich war Leutenegger Regieassistentin am Hamburger Schauspielhaus, lebte dann mehrere Jahre in der französischen und der italienischen Schweiz, seit 2000 in Zürich. Sie erhielt zahlreiche Preise für ihr Werk. Jüngstes Buch: *Matutin.* Roman (2008).
»Luzern: Der Bahnhof brennt!«* (»Das verlorene Monument«), aus: Christoph Siegrist (Hg.), *Schweizer Erzählungen. Deutschschweizer Prosa seit 1950.*

Ludwig Marcuse

geboren 1894 in Berlin, aufgewachsen im jüdischen Großbürgertum. Er studierte Philosophie und Literatur und promovierte mit einer Arbeit über Friedrich Nietzsche. Der Schriftsteller, Biograf und Theaterkritiker verließ 1933 Deutschland, lebte in Sanary-sur-Mer, emigrierte 1939 in die USA, wo er 1944 amerikanischer Staatsbürger wurde. Nach Jahren der Entbehrung lehrte er an der University of Southern California in Los Angeles. 1963 kehrte er nach Deutschland zurück und starb 1971 in Bad Wiessee.
»Tribschen – Richard Wagners Geisterinsel«* (»Geisterinsel Tribschen«), aus: *Luzern und der Vierwaldstättersee.* Merian, Februar 1964.

Peter von Matt

geboren 1937, aufgewachsen in Stans, studierte Germanistik, Anglistik und Kunstgeschichte. Er lehrte von 1976 bis 2002 Neuere Deutsche Literatur an der Universität Zürich. Der vielfach ausgezeichnete Autor ist u.a. Mitglied der Deutschen Akademie für Sprache und Dichtung sowie der Akademie der Wissenschaften. Von Matt ist Herausgeber der »Kollektion« bei Nagel & Kimche, eine Sammlung von Kostbarkeiten der Schweizer Literatur. Jüngstes Buch: *Wörterleuchten. Kleine Deutungen deutscher Gedichte* (2009).
»Pilatus – Gesichter und Geschichten«, aus: Hansjörg Buchmeier, *Pila-*

tus. Ein Berg. Hundert Ansichten. Brunner Verlag, Kriens-Luzern 2005. © Peter von Matt 2005.
»Rütli-Rede am 1. August 2009«* (»Plädoyer für die Heldensage«), aus: *NZZ am Sonntag,* Nr. 31, 2. August 2009. © Peter von Matt 2009.

Venanz Nobel
geboren 1956, aufgewachsen im Kanton Schwyz. Nobel ist Autor und Vizepräsident von »schäft qwant«, dem transnationalen Verein für jenische Zusammenarbeit und Kulturaustausch. Er betreibt das Webportal www.jenisch.info und verfasste unter anderem Texte im Fotoband von Urs Walder, *Nomaden in der Schweiz* (1999) und in Helena Kanyar-Becker, *Jenische, Sinti und Roma in der Schweiz* (2003). Nobel lebt in Basel.
»Feckerchilbi in Gersau« ist ein Originalbeitrag für diesen Band. © Venanz Nobel 2011.

Urs Oberlin
geboren 1919 in Bern, studierte Jura und Zahnmedizin an den Universitäten Fribourg und Bern und promovierte 1957 mit einer Arbeit über die Zunge des Menschen. Er hielt sich längere Zeit in Sizilien und Kalabrien auf und unternahm Reisen nach Ostasien, Indien, Sri Lanka, Brasilien und Afrika. 1950 publizierte er den Reisebericht *Tagmond über Sizilien,* im Weiteren die Romane *Feuererde* (1952) und *Kalibaba oder Die Elternlosen* (1969) sowie Lyrik. Oberlin erhielt Literaturpreise der Kantone Bern und Zürich und starb im Jahr 2008.
»Föhnfische am Himmel«, aus: *Luzern und der Vierwaldstättersee.* Merian. Februar 1964. © Urs Oberlin 1964.

Carl Spitteler
geboren 1845 in Liestal. Der 17-Jährige wollte Dichter werden, nicht Jurist. Er widersetzte sich dem Vater und studierte Theologie – als »Antitheologe«, wie er sich nannte. Spitteler arbeitete als Hauslehrer in Petersburg und ließ sich 1892 endgültig in Luzern nieder. Mit mythologischen Versepen *(Olympischer Frühling)* schrieb er am breiten Publikum vorbei. 1914 plädierte er in der Rede *Unser Schweizer Standpunkt* für eine neutrale Haltung. Der Ehrenbürger von Luzern erhielt 1920 als bisher einziger Schweizer den Nobelpreis für Literatur. Er starb 1924.
»Eine Rigibesteigung«, aus: Fritz Schaub, *Carl Spitteler in Luzern. Eine Würdigung zum 150. Geburtstag.* Maihof Verlag, Luzern [o. J.].

Margrit Sprecher
geboren in Chur, studierte Zeitungs- und Theaterwissenschaften und war 1983–1999 Redakteurin der *Weltwoche.* Sie lebt und arbeitet in Zürich als Reporterin für in- und ausländische Zeitschriften. Sprecher veröffentlichte zahlreiche Bücher und erhielt 2008 den Bündner Literaturpreis für ihre Arbeit als »brillante Porträtistin und unerbittliche Analytikerin«. Jüngstes Buch: *Das andere Radio. DRS2* (2008).
»SVP-Wallfahrt aufs Rütli«* (»Die Wallfahrt – Sommerausflug der Kantonalpartei Aargau aufs Rütli«), aus: Margrit Sprecher, *Die Mitte des Volkes.* © Margrit Sprecher 2007.

Helmut Stalder
geboren 1966 in Zürich, studierte Germanistik, Politische Philosophie und Geschichte. Seit 1998 ist er Redaktor beim Zürcher *Tages-Anzeiger,* unter anderem zuständig für Verkehr. Stalder befasst sich seit Jahren mit dem Gotthard und der Konstruktion nationaler Mythen.
»Mythos Gotthard«*, aus: Helmut Stalder, *Mythos Gotthard. Was der Pass bedeutet.* © Orell Füssli Verlag, Zürich 2003.

Mark Twain
geboren 1835 als Samuel Langhorne Clemens in Florida, gilt als scharfzüngiger Kritiker der amerikanischen Gesellschaft. Der Schriftsetzer, Reporter und Goldgräber wurde berühmt durch *Tom Sawyers und Huckleberry Finns Abenteuer.* Twains zweite Europareise 1878 führte ihn durch Deutschland, die Schweiz und Italien. 1891 kam er wieder nach Europa, blieb neun Jahre und hielt Vorträge, um seine Schulden zu bezahlen. Twain starb 1910.
»Kuckucksuhr, Alpenstock und sterbender Löwe«*, aus: Mark Twain, *Bummel durch Europa.* © Aufbau Verlag GmbH & Co. KG, Berlin 1963, für die Übersetzung (diese Übersetzung erschien erstmals 1963 im Aufbau Verlag; Aufbau ist eine Marke der Aufbau Verlag GmbH & Co. KG). Aus dem Amerikanischen von Ana Maria Brock.

Urs Widmer
geboren 1938 in Basel, studierte Germanistik, Romanistik und Geschichte. Er arbeitete als Verlagslektor und lebte 1967–1984 als freier Schriftsteller in Frankfurt. Widmer ist Mitbegründer des Verlags der Autoren. 1968 erschien sein Erstling *Alois.* Inzwischen wuchs das Œuvre auf rund drei-

ßig Prosawerke an, ein Dutzend Theaterstücke, darunter die Sozialsatire *Top Dogs* (1996), Hörspiele und Essays. Widmer lebt heute in Zürich. Sein jüngster Roman: *Herr Adamson* (2009).
»Lokaltermin mit Schillers Drehbuch«* (»Die Topographie des Wilhelm Tell – Ein Lokaltermin mit Friedrich Schillers Drehbuch in der Hand«, aus: *Neue Zürcher Zeitung*, 17. November 2003. © Urs Widmer 2003.

Die Herausgeberin

Franziska Schläpfer, geboren 1945, freie Kulturjournalistin und Autorin: u. a. *Schweizer Lexikon der populären Irrtümer* (2004), *Schön schräg. Schweizerinnen der besonderen Art* (2007), *Reise in die Schweiz* (2008) und *Reise ins Tessin* (2009).

Bildnachweis

Foto Umschlaginnenseite: Martin Lehmann

»Was der klassische Reiseführer nicht leisten kann, fördern die handlichen Bände gezielt zutage.«
Der Tagesspiegel

Reise in die Emirate (UT 513)
Dubai und Abu Dhabi
Hg. von Lucien Leitess

Reise nach Belgien (UT 512)
Hg. von Françoise Hauser

Reise nach London (UT 511)
Hg. von Holger Ehling

Reise in die Innerschweiz (UT 510)
Rund um den Vierwaldstättersee
Hg. von Franziska Schläpfer

Reise auf die Kapverden (UT 509)
Hg. von Hans-Ulrich Stauffer

Reise nach Kanada (UT 508)
Hg. von Anke Caroline Burger

Reise auf die Malediven (UT 507)
Hg. von Françoise Hauser

Reise nach Norwegen (UT 506)
Hg. von Stefanie Lind

Reise nach Indonesien (UT 476)
Hg. von Lucien Leitess

Reise nach Hongkong (UT 475)
Hg. von Françoise Hauser

Reise in die Toskana (UT 474)
Hg. von Manfred Görgens

Reise nach Argentinien (UT 473)
Hg. von Eva Karnofsky

Reise nach Kreta (UT 472)
Hg. von Ulrike Frank

Reise in die Sahara (UT 471)
Hg. von Lucien Leitess

Reise nach Island (UT 470)
Hg. von Sabine Barth

Reise nach Japan (UT 469)
Hg. von Françoise Hauser

Reise nach Myanmar (UT 443)
Hg. v. Alice Grünfelder u. Lucien Leitess

Reise ins Tessin (UT 442)
Hg. von Franziska Schläpfer

Reise nach Mexiko (UT 441)
Hg. von Anja Oppenheim

Reise in die Provence (UT 440)
Hg. von Ulrike Frank

Reise nach Ägypten (UT 439)
Hg. von Lucien Leitess

Reise nach China (UT 438)
Hg. von Françoise Hauser

Reise nach Indien (UT 423)
Hg. von Dieter Riemenschneider

Reise nach Marokko (UT 422)
Hg. von Lucien Leitess

Reise in den Himalaya (UT 421)
Hg. von Alice Grünfelder

Reise in die Schweiz (UT 420)
Hg. von Franziska Schläpfer

Reise nach Bali (UT 401)
Hg. von Lucien Leitess

Reise nach Thailand (UT 400)

Mehr über alle Reisebände auf *www.unionsverlag.com/reise*

Frederick Marryat
Das Geisterschiff oder
Der fliegende Holländer (UT 489)
Sahar Khalifa
Heißer Frühling (UT 488)
Jean-Claude Izzo
Mein Marseille (UT 487)
Yaşar Kemal
Die Hähne des Morgenrots (UT 485)
Petra Ivanov Tote Träume (UT 486)
Leonardo Padura
Der Nebel von gestern (UT 484)
Jørn Riel Der Raub der Stammes-mutter (UT 483)
Nagib Machfus Die Nacht der Tausend Nächte (UT 482)
Juri Rytchëu
Wenn die Wale fortziehen (UT 481)
Tschingis Aitmatow
Kindheit in Kirgisien (UT 480)
Tran-Nhut Das schwarze Pulver von Meister Hou (UT 479)
Bruno Morchio
Wölfe in Genua (UT 478)
Roberto Alajmo
Mammaherz (UT 477)
Manjushree Thapa
Geheime Wahlen (UT 468)
Hannelore Cayre
Der Lumpenadvokat (UT 467)
Frank Göhre Mo (UT 466)
Manfred Wieninger
Rostige Flügel (UT 465)
Nagib Machfus
Das Buch der Träume (UT 464)
Driss Chraïbi
Die Zivilisation, Mutter! (UT 463)
Jean-Claude Izzo
Die Marseille-Trilogie (UT 462)
Chester Himes
Harlem-Romane (UT 461)
Petra Ivanov
Fremde Hände (UT 460)
Pham Thi Hoai
Sonntagsmenü (UT 459)
Claudia Piñeiro
Ganz die Deine (UT 458)
Wladimir Arsenjew
Der Taigajäger Dersu Usala (UT 457)
Ignacio Aldecoa Gran Sol (UT 456)
Zhang Jie
Abschied von der Mutter (UT 455)
Mo Yan
Die Knoblauchrevolte (UT 454)
Nagib Machfus Radubis (UT 453)
Juri Rytchëu Polarfeuer (UT 452)
Alain Gresh
Israel–Palästina (UT 451)
Pablo De Santis
Die sechste Laterne (UT 450)
Bill Moody
Moulin Rouge, Las Vegas (UT 449)
Zakes Mda Der Walrufer (UT 448)
Masako Togawa
Schwestern der Nacht (UT 447)
Kamala Markandaya
Nektar in einem Sieb (UT 446)
Salim Alafenisch
Die Feuerprobe (UT 445)
Bruno Morchio
Kalter Wind in Genua (UT 444)
Murathan Mungan
Palast des Ostens (UT 437)
Hasan Ali Toptaş
Die Schattenlosen (UT 436)
Tevfik Turan (Hg.)
Von Istanbul nach Hakkâri (UT 435)
Ahmet Ümit
Nacht und Nebel (UT 434)
Nury Vittachi
Shanghai Dinner (UT 431)
Galsan Tschinag Auf der großen blauen Straße (UT 430)
Juri Rytchëu
Gold der Tundra (UT 429)
Alan Duff Warriors (UT 428)
Tschingis Aitmatow
Der Schneeleopard (UT 427)
Tschingis Aitmatow
Der Junge und das Meer (UT 426)